"Debe usted leer *Padre rico, padre pobre* para alcanzar la cima desde el punto de vista financiero. Se trata de sentido común y conocimiento del mercado para su futuro financiero."

Zig Ziglar
Autor y orador conocido mundialmente.

"Si desea obtener conocimiento de primera mano sobre cómo convertirse en rico y PERMANECER rico, ¡lea este libro! Y soborne a sus hijos (de ser necesario con dinero) para que hagan lo mismo."

Mark Victor Hansen
Coautor del libro Chicken Soup for the Soul, *Número uno en la lista de* best seller *del New York Times.*

"*Padre rico, padre pobre* no es el típico libro sobre dinero... *Padre rico, padre pobre* es fácil de leer y sus mensajes más importantes —como el hecho de que hacerse rico requiere de enfoque y fortaleza— son muy sencillos."

Honolulu Magazine.

"¡Sólo desearía haber leído este libro cuando era joven, o mejor aún, que mis padres lo hubieran leído! Es la clase de libro del que usted debe comprar un ejemplar para cada uno de sus hijos y copias extra para el caso de que tenga nietos; este debe ser su regalo cuando el niño cumple 8 ó 9 años."

Sue Brawn
Presidenta de Tenant Chek of America.

"*Padre rico, padre pobre* no trata de cómo hacerse rico rápidamente. Se refiere a asumir la responsabilidad de sus asuntos financieros e incrementar su riqueza al dominar las cuestiones relacionadas con el dinero. Léalo si desea despertar su genio financiero."

Dr. Ed Koken
Profesor de finanzas
Universidad RMIT, Melbourne

"Desearía haber leído este libro hace veinte años."

Larison Clark, Diamond Key Homes
Nominado como el constructor de vivienda de crecimiento más rápido en Estados Unidos en 1995 por INC. Magazine.

"*Padre rico, padre pobre* es un punto de partida para cualquiera que trate de obtener el control sobre su futuro financiero."

USA TODAY

Padre rico, padre pobre

Qué les enseñan los ricos a sus hijos acerca del dinero, ¡que las clases media y pobre no!

Robert T. Kiyosaki

con Sharon L. Lechter C.P.A.

Padre rico, padre pobre

Qué les enseñan los ricos a sus hijos acerca del dinero, ¡que las clases media y pobre no!

Título original: *Rich Dad, Poor Dad: What The Rich Teach Their Kids About Money - That The Poor And Middle Class Do Not!*

Publicado originalmente por TechPress, Inc.
P.O. Box 5870,
Scottsdale, Arizona
85261 USA

Traducción: Fernando Álvarez del Castillo

Copyright © 1997, 1998, Robert T. Kiyosaki y Sharon L. Lechter

De esta edición:

Santillana USA Publishing Company, Inc.
2023 NW 84th Avenue,
Miami, FL, 33122.

Primera edición: marzo de 2004
Novena impresión en Estados Unidos: febrera de 2013

ISBN 13: 978-1-60396-181-3
ISBN 10: 1-60396-181-X

Printed in the USA.
Impreso en Estados Unidos.

Este libro está dedicado a todos los padres de familia del mundo: los maestros más importantes del niño.

Agradecimientos

¿Cómo puede alguien decir "gracias" cuando hay tantas personas a quienes agradecer? Obviamente este libro es una forma de agradecer a mis dos padres, que fueron modelos de conducta poderosos, y a mi madre, que me enseñó el amor y la amabilidad.

Sin embargo, las personas más directamente responsables de que este libro se haya vuelto realidad incluyen a mi esposa Kim, quien hace que mi vida sea completa. Kim es mi socia en el matrimonio, los negocios y la vida. Sin ella yo estaría perdido. A los padres de Kim, Winnie y Bill Meyer, por criar a una hija tan maravillosa. Agradezco a Sharon Lechter por haber recolectado las piezas dispersas de este libro en mi computadora y haberlas ensamblado. Al esposo de Sharon, Mike, por ser un gran abogado especializado en propiedad intelectual, y a sus hijos Phillip, Shelly y Rick por su participación y cooperación. Agradezco a Keith Cunningham por su conocimiento financiero y su inspiración; a Larry y Lisa Clark por el obsequio de su amistad y aliento; a Rolf Parta por su genio técnico; a Anne Nevin, Bobbi DePorter y Joe Chapon por sus aportaciones sobre el aprendizaje; a DC y John Harrison, Jannie Tay, Sandy Khoo, Richard y Verónica Tan, Peter Johnston y Suzi Dafnis, Jacqueline Seow, Nyhl Henson, Michael y Monette Hamlin, Edwin y Camilla Khoo, K.C. See y Jessica See, por su apoyo profesional; a Kevin y Sara de InSync por sus brillantes gráficas; a John y Shari Burley, Bill y Cindy Shopoff, Van Tharp, Diane Kennedy, C.W. Allen, Marilu Deignan, Kim Arries y Tom Weisenborn por su inteligencia financiera. A Sam Georges, Anthony Robbins, Enid Vien, Lawrence y Jayne Taylor-West, Alan Wright y Zig Ziglar, por su claridad mental; a J.W. Wilson, Marty Weber, Randy Craft, Don Mueller, Brad Walker, Blair y Eileen Singer, Wayne y Lynn Morgan, Mimi Brennan, Jerome Summers, Dr. Peter Powers, Will Hepburn, Dr. Enrique Teuscher, Dr. Robert Marin, Betty Oyster, Julie Belden, Jamie Danforth, Cherie Clark, Rick Merica, Joia Jitahide, Jeff Bassett, Dr. Tom Burns y Bill Galvin por ser grandes amigos y haber apoyado mis proyectos; para los gerentes de los Centros y las docenas de miles de graduados de "El Dinero y Usted" y la Escuela de Negocios para Empresarios; y a Frank Crerie, Clint Miller, Thomas Allen y Norman Long por ser grandes socios en los negocios.

Índice

Introducción
Existe una necesidad..13

Padre rico, padre pobre...25

Lección 1: Los ricos no trabajan por dinero.............................35

Lección 2: ¿Por qué enseñar especialización financiera?........69

Lección 3: Atienda su propio negocio.......................................99

Lección 4: La historia de los impuestos y
el poder de las corporaciones..107

Lección 5: Los ricos inventan el dinero...................................119

Lección 6: Trabaje para aprender, no para ganar dinero........141

Inicios
Superar los obstáculos..155

Para comenzar...173

¿Aún quiere más?..197

Epílogo
Educación universitaria por 7 000 dólares...............................203

Entre en acción..207

Sobre los autores...209

Existe una necesidad

¿Prepara adecuadamente la escuela a los niños para enfrentar el mundo real? "Estudia mucho, obtén buenas calificaciones y encontrarás un trabajo bien pagado con grandes beneficios", solían decir mis padres. Su meta en la vida era proporcionar una educación universitaria a mi hermana mayor y a mí, de manera que tuviéramos la mejor oportunidad de éxito en la vida. Cuando finalmente obtuve mi diploma en 1976 —me gradué como contadora con honores, casi como la primera de mi clase, en la Universidad Estatal de Florida— mis padres habían logrado su meta. Ése fue el logro más importante de sus vidas. De acuerdo con su "plan maestro", fui contratada por uno de los ocho despachos de contadores más importantes; me esperaba una larga carrera y el retiro a edad temprana.

Mi esposo Michael siguió un camino similar. Ambos proveníamos de familias de trabajadores, de recursos modestos pero con una fuerte ética de trabajo. Michael también se graduó con honores, pero lo hizo dos veces, primero como ingeniero y después en la escuela de leyes. Fue reclutado rápidamente por un prestigioso despacho de abogados de Washington, D. C., especializado en legislación de patentes, y su futuro parecía brillante, con una carrera bien definida y el retiro garantizado a edad temprana.

Aunque hemos sido exitosos en nuestras carreras, éstas no resultaron ser como esperábamos. Ambos cambiamos de trabajo varias veces —por razones correctas— pero no contamos con planes de pensión a nuestro nombre. Nuestros fondos para el retiro están creciendo sólo por medio de nuestras contribuciones individuales.

Michael y yo tenemos un matrimonio maravilloso y tres hijos formidables. Al escribir estas líneas, dos se encuentran en la universidad y uno está comenzando la preparatoria. Hemos gastado una fortuna para asegurarnos de que nuestros hijos reciban la mejor educación que sea posible.

Un día de 1996, uno de mis hijos regresó a casa desilusionado de la escuela. Estaba aburrido y cansado de estudiar.

—¿Por qué debo dedicar tiempo a estudiar temas que nunca utilizaré en la vida real? —protestó.

Sin pensar, le respondí:

—Porque si no obtienes buenas calificaciones, no podrás ingresar a la universidad.

—Sin importar si voy o no a la universidad —respondió— voy a ser rico.

—Si no te gradúas en la universidad, no obtendrás un buen empleo —le respondí con un timbre de pánico y preocupación maternal—. Y si no obtienes un buen empleo, ¿cómo planeas volverte rico?

Mi hijo sonrió y meneó lentamente la cabeza en señal de tedio. Habíamos tenido esa conversación muchas veces antes. Inclinó la cabeza y puso los ojos en blanco. Mis palabras de sabiduría maternal estaban cayendo en oídos sordos una vez más.

Él que es un joven inteligente y decidido, siempre ha sido amable y respetuoso.

—Mamá —comenzó. Era mi turno de recibir una lección—. ¡Ponte al día! Mira a tu alrededor; las personas más ricas no se volvieron ricas debido a su educación. Mira a Michael Jordan y a Madonna. Incluso Bill Gates, que abandonó Harvard, fundó Microsoft; ahora es el hombre más rico de Estados Unidos y todavía no cumple 40 años. Hay un lanzador de béisbol que gana más de cuatro millones de dólares al año, a pesar de que ha sido clasificado como "débil mental".

Se produjo un largo silencio entre nosotros. Me di cuenta de que le estaba dando a mi hijo el mismo consejo que mis padres me habían dado. El mundo que nos rodea ha cambiado, pero el consejo no.

Recibir una buena educación y obtener buenas calificaciones ya no constituye una garantía para el éxito, y nadie parece haberse dado cuenta de ello, excepto nuestros hijos.

—Mamá —continuó—. No quiero trabajar tan duro como lo hacen tú y mi papá. Ustedes ganan mucho dinero, y vivimos en una casa enorme con muchos juguetes. Si sigo tu consejo, terminaré como tú, trabajando cada vez más duro tan sólo para pagar más impuestos y tener más deudas. Hoy en día no existe ya seguridad en el trabajo; he escuchado todo acerca de reducciones de personal y reajustes corporativos. También sé que actualmente los graduados de las universidades ganan menos de lo que ganabas tú cuando te graduaste. Mira a los médicos. No ganan tanto dinero como solían ganar antes. Yo sé que no puedo depender de la seguridad social o de las pensiones de retiro de las compañías. Necesito nuevas respuestas.

Él tenía razón. Necesitaba nuevas respuestas, y yo también. El consejo de mis padres pudo haber funcionado para las personas nacidas antes de 1945, pero puede ser desastroso para aquellos de nosotros que nacimos en un mundo que cambia velozmente. Ya no puedo simplemente decirles a mis hijos: "Vayan a la escuela, obtengan buenas calificaciones y busquen un trabajo seguro."

Me di cuenta de que debía buscar nuevas formas de guiar la educación de mis hijos.

Como madre y como contadora me preocupa la falta de educación financiera en las escuelas de nuestros hijos. La mayoría de los jóvenes actuales tienen tarjetas de crédito antes de terminar la preparatoria, pero nunca han recibido un curso sobre el dinero y la manera de invertirlo, ya no digamos que puedan comprender cómo funciona el interés compuesto en las tarjetas de crédito. Para decirlo de manera sencilla, sin conocimientos sobre finanzas y la manera en que funciona el dinero, no están preparados para encarar el mundo que les espera, un mundo en que el gasto es privilegiado en demérito del ahorro.

Cuando mi hijo más grande se endeudó mucho con sus tarjetas de crédito al comenzar sus estudios universitarios, no sólo le ayudé a destruir sus tarjetas de crédito, sino que también busqué un programa que me ayudara a educar a mis hijos en cuestiones financieras.

Un día, el año pasado, mi esposo me llamó desde su oficina. "Tengo a alguien a quien debes conocer" —me dijo—. "Su nombre es Robert Kiyosaki. Es un hombre de negocios y un inversionista, y está aquí para solicitar una patente relacionada con un producto educativo. Creo que es lo que tú has estado buscando."

Justo lo que yo estaba buscando

Mi esposo Mike estaba tan impresionado con Cashflow, el nuevo producto educativo que Robert Kiyosaki estaba desarrollando, que hizo arreglos para que ambos participáramos en una prueba del prototipo. Dado que se trata de un juego educativo, también le pedí a mi hija de 19 años, que iniciaba sus estudios en la universidad local, que tomara parte en él, y ella accedió.

Cerca de 15 personas, dividas en tres grupos, participaron en la prueba.

Mike estaba en lo correcto. Se trataba del producto educativo que yo había estado buscando. Pero había un detalle adicional: tenía el aspecto de un tablero del juego de mesa denominado Monopolio, con el dibujo de una rata bien vestida en el centro. Sin embargo, a diferencia del Monopolio, el tablero tenía dos pistas: una interior y otra exterior. El objeto del juego consistía en salir de la pista interior —a la que Robert llamaba "La carrera de la rata"— y pasar a la pista exterior, o "Pista rápida". Según Robert, la pista rápida simula la manera en que los ricos actúan en la vida real.

Robert definió a continuación la "carrera de la rata" para nosotros.

"Si consideras la vida de una persona trabajadora, con educación promedio, sigue un camino similar. El niño nace y va a la escuela. Los orgullosos padres están emocionados porque el niño destaca, obtiene calificaciones buenas o regulares, y es aceptado en la universidad. El niño se gradúa, quizá asiste al posgrado y entonces hace exactamente lo programado: busca una carrera o trabajo seguros. El hijo consigue un empleo, quizá como doctor o como abogado, o se integra al ejército, o trabaja para el gobierno. Generalmente, el hijo comienza a ganar dinero, le comienzan a llegar tarjetas de crédito, y él comienza a comprar cosas, si es que no lo ha hecho antes.

"Dado que tiene dinero para gastar, el chico asiste a lugares a donde van otros jóvenes para conocer personas, para hacer citas y a veces para casarse. La vida es maravillosa entonces, porque actualmente tanto el hombre como la mujer trabajan. Dos ingresos son una bendición. Se sienten exitosos, su futuro es brillante y deciden comprar una casa, un automóvil, una televisión, salir de vacaciones y tener niños. Llega el "paquete" feliz. Las necesidades de dinero son enormes. La feliz pareja decide que sus carreras son de importancia vital y comienzan a trabajar más duro, en busca de ascensos y aumentos de sueldo. Los aumentos vienen, así como otro hijo y la necesidad de tener una casa más grande. Trabajan más duro, se convierten en mejores empleados, aún más dedicados. Vuelven a la universidad para obtener habilidades más especializadas con el fin de ganar más dinero. Es posible que obtengan un segundo empleo. Sus ingresos se incrementan, pero también la categoría fiscal en que se encuentran, así como el impuesto sobre su gran casa nueva, sus aportaciones al Seguro Social, y todos los demás impuestos. Reciben un cheque jugoso pero se preguntan a dónde va a parar el dinero. Adquieren participaciones en fondos mutualistas y compran sus artículos de primera necesidad con su tarjeta de crédito. Sus hijos cumplen 5 ó 6 años de edad y se incrementa la necesidad de ahorrar para su educación universitaria, así como de ahorrar para su retiro.

"Esa feliz pareja, nacida hace 35 años, está atrapada ahora en la 'carrera de la rata' para el resto de su vida laboral. Trabajan para los dueños de su compañía, para el gobierno al pagar sus impuestos, y para los bancos al pagar su hipoteca y sus tarjetas de crédito.

"Entonces aconsejan a sus propios hijos que 'deben estudiar duro, obtener buenas calificaciones y encontrar un empleo o carrera seguros'. No aprenden nada acerca del dinero, excepto de aquellos que se aprovechan de su candidez, y trabajan arduamente durante toda su vida. El proceso se repite con la siguiente generación de trabajadores. Ésa es la 'carrera de la rata'."

La única manera de salir de la "carrera de la rata" consiste en demostrar tu capacidad tanto en contabilidad como en inversión, posiblemente dos de las materias más difíciles de dominar. En mi carácter de contadora pública que alguna vez trabajó para uno de los ocho despachos de contadores más importantes, yo estaba asombrada ante el hecho de que Robert había logrado que el aprendizaje de estas dos materias fuera divertido y emocionante. El proceso estaba tan bien disfrazado que mientras trabajábamos de manera diligente para salir de la "carrera de las ratas", olvidamos pronto que estábamos aprendiendo.

De pronto la prueba de un producto educativo se convirtió en una tarde de diversión con mi hija, en la que hablamos de cosas que no habíamos discutido anteriormente. Como contadora me fue fácil practicar un juego que requiere una Declaración de Ingresos y una Hoja de Balance, de manera que tuve tiempo para ayudar a mi hija y a otros jugadores de mi mesa con los conceptos que no comprendían. Fui la primera persona —y la única en todo el grupo de prueba— en salir de la "carrera de la rata" ese día. Salí de allí en 50 minutos, a pesar de que el juego se prolongó por casi tres horas.

En mi mesa estaban sentados un banquero, el propietario de un negocio y un programador de computadoras. Lo que me perturbó más fue lo poco que esas personas sabían tanto de contabilidad como de inversión, materias, sin duda, tan importantes en sus vidas. Me pregunté cómo manejaban sus asuntos financieros en la vida real. Yo podía entender por qué mi hija de 19 años no comprendía esos temas, pero ellos eran adultos de por lo menos el doble de su edad.

Después de que salí de la "carrera de la rata", me dediqué a observar durante las siguientes dos horas la manera en que mi hija y esos adultos educados y pudientes tiraban los dados y movían sus fichas. Aunque estaba contenta de que ellos estaban aprendiendo tanto, me perturbaba lo poco que los adultos saben sobre los fundamentos de la contabilidad simple y de la inversión. Tenían dificultades para comprender la relación entre su Declaración de Ingresos y su Hoja de Balance. Conforme vendían y compraban sus activos, tenían problemas para recordar que cada transacción podía tener efectos en su flujo de efectivo mensual. Me pregunté: ¿cuántos millones de personas andan por ahí en el mundo real experimentando problemas financieros, sólo porque nadie les ha enseñado sobre estos temas?

"Gracias a Dios que estas personas se están divirtiendo y están distraídas por el deseo de ganar el juego", me dije. Una vez que Robert dio por terminada la competencia, nos dio 15 minutos para comentar y criticar el juego de *Cashflow* entre nosotros.

El dueño del negocio que estaba sentado a mi mesa no estaba contento. No le había gustado el juego. "No necesito saber esto", dijo en voz alta. "Yo contrato contadores, banqueros y abogados para que me digan estas cosas."

A lo que Robert contestó: "¿Has notado alguna vez que no hay muchos contadores que sean ricos? Y banqueros, y abogados, y corredores de bolsa, y agentes inmobiliarios. Ellos saben mucho y en general son personas inteligentes, pero la mayoría no son ricos. Dado que nuestras escuelas no le enseñan a la gente lo que saben los ricos, tomamos consejo de estas personas. Sin embargo, un día vas manejando por la autopista, atrapado en el tráfico, tratando de llegar a tu trabajo, y miras a la derecha y puedes ver a tu contador atrapado en el mismo atasco de tráfico. Volteas a la izquierda y puedes ver a tu banquero. Eso debería decirte algo."

Al programador de computadoras tampoco le había gustado el juego.

—Puedo comprar programas de computación que me enseñen esto.

El banquero, sin embargo, estaba conmovido.

—Estudié esto en la escuela —la parte correspondiente a contabilidad—, pero nunca supe cómo aplicarla en la vida real. Ahora lo sé. Necesito salirme de la "carrera de la rata".

Pero fue el comentario de mi hija el que me conmovió más. "Me divertí aprendiendo", dijo. "Aprendí mucho sobre la manera en que el dinero funciona realmente, y cómo invertirlo."

A continuación agregó: "Ahora puedo escoger una profesión para el trabajo que deseo desempeñar y no debido a la seguridad en el empleo, los beneficios o cuánto me pagarán. Si aprendo lo que enseña este juego, estaré en libertad de hacer y estudiar lo que mi corazón desea estudiar... en vez de estudiar algo debido a que los negocios están en busca de ciertas habilidades laborales. Si aprendo esto, no tendré que preocuparme sobre la seguridad en el empleo y el seguro social de la manera en que la mayoría de mis compañeros de clase lo hacen."

Yo no podía quedarme y hablar con Robert luego de haber practicado el juego, pero acordamos entrevistarnos más tarde para discutir con mayor amplitud su proyecto. Yo sabía que él quería utilizar el juego para ayudar a otras personas a que fueran más capaces desde el punto de vista financiero y estaba deseosa de escuchar más sobre sus planes.

Mi esposo y yo concertamos una cita para cenar con Robert y su esposa a la semana siguiente. Aunque se trató de nuestra primera reunión de tipo social, nos sentimos como si nos hubiéramos conocido desde hacía años.

Descubrimos que teníamos muchas cosas en común. Conversamos sobre una amplia gama de temas, desde deportes y obras de teatro hasta restaurantes y temas socioeconómicos. Hablamos acerca del mundo en transformación. Pasamos mucho tiempo discutiendo cómo la mayoría de los estadounidenses tienen poco o nada ahorrado para el retiro, así como del Seguro Social y los servicios públicos de salud, casi en quiebra. ¿Se le pediría a nuestros hijos que aportaran para el retiro de 75 millones de miembros de la generación de la posguerra? Nos preguntamos si la gente se daba cuenta de cuán riesgoso era depender del plan de pensión.

La principal preocupación de Robert era la brecha creciente entre los pudientes y los necesitados, en Estados Unidos y en todo el mundo. Robert era un empresario que se educó y formó a sí mismo y que trabajó alrededor del mundo realizando inversiones y pudo retirarse a la edad de 47 años. Sin embargo dejó su retiro porque comparte la misma preocupación que yo tengo por nuestros hijos. Él sabe que el mundo ha cambiado, pero no así la educación. De acuerdo con Robert, los niños pasan varios años en un sistema educativo anticuado, estudiando materias que nunca pondrán en práctica y preparándose para un mundo que ya no existe.

—Actualmente, el consejo más peligroso que puede usted darle a un hijo es "ve a la escuela, obtén buenas calificaciones y busca un trabajo seguro" —le gusta decir—. Ese es un consejo obsoleto, un mal consejo. Si usted pudiera ver lo que ocurre en Asia, en Europa, en Sudamérica, estaría tan preocupada como yo.

Robert considera que es un mal consejo "porque si desea que sus hijos tengan un futuro financiero seguro, no pueden jugar de acuerdo con las reglas antiguas. Simplemente es demasiado riesgoso".

Le pregunté qué quería decir con "reglas antiguas".

—Las personas como yo juegan de acuerdo con un conjunto de reglas diferentes a las que usted utiliza —me dijo—. ¿Qué pasa cuando una corporación anuncia una reducción de sus operaciones?

—Despiden a la gente —le respondí—. Las familias quedan lastimadas. El desempleo se incrementa.

—Sí. ¿Pero qué ocurre con la compañía, en especial con una compañía que cotiza en la bolsa de valores?

—El precio de las acciones generalmente sube cuando se anuncia la reducción de operaciones —contesté—. Al mercado le gusta que una compañía reduzca sus costos laborales, ya sea mediante la automatización o la consolidación de la fuerza de trabajo en general.

—Correcto —dijo—. Y cuando el precio de las acciones sube, las personas como yo, los accionistas, se enriquecen. A eso es a lo que me refiero cuando hablo de un conjunto de reglas diferentes. Los empleados pierden; los propietarios e inversionistas ganan.

Robert estaba describiendo no sólo la diferencia entre un empleador y un empleado, sino también la diferencia entre controlar tu propio destino y entregar ese control a otra persona.

—Sin embargo, a muchas personas les cuesta trabajo comprender por qué ocurre eso —le dije—. Simplemente consideran que no es justo.

—Por eso es tonto decir simplemente a un hijo "obtén una buena educación" —dijo Robert—. Es tonto asumir que la educación que el sistema escolar proporciona preparará a sus hijos para el mundo que enfrentarán después de su graduación. Cada hijo necesita más educación. Una educación diferente. Y necesitan conocer las reglas. Los diferentes conjuntos de reglas.

—Existen reglas sobre el dinero de acuerdo con las cuales actúan los ricos, y reglas de acuerdo con las cuales actúa 95 por ciento de la población —dijo—. Y ese 95 por ciento aprende esas reglas en casa y en la escuela. Esa es la razón por la que hoy en día es riesgoso decirle simplemente a un hijo "estudia duro y busca un empleo". Actualmente los hijos necesitan de una educación más sofisticada, pero el sistema actual no cumple con esa necesidad. No me interesa cuántas computadoras instalen en el salón de clases o cuánto dinero gasten las escuelas. ¿Cómo puede enseñar el sistema educativo una materia que no conoce?

—Entonces, ¿cómo le enseñan los padres a sus hijos aquello que la escuela no enseña? ¿Cómo le enseña usted contabilidad a sus hijos? ¿No se aburrirían? ¿Y cómo les enseñaría a invertir si usted mismo, como padre de familia, es enemigo del riesgo? En vez de enseñarle a mis hijos a simplemente jugar a lo seguro, decidí que era mejor enseñarles a jugar de manera inteligente.

—¿Cómo enseñaría entonces usted a sus hijos acerca del dinero y de todas las cosas de las que hemos conversado? —le pregunté a Robert—. ¿Cómo puede usted hacer que eso sea sencillo para los padres, cuando ellos mismos no lo comprenden?

—Escribí un libro sobre ese tema —dijo.

—¿En dónde está?

—En mi computadora. Ha estado allí desde hace años, en fragmentos aislados. Ocasionalmente agrego algo, pero nunca me he dedicado a reunir los fragmentos. Comencé a escribirlo después de que otro libro que escribí se convirtió en un *bestseller*, pero nunca he terminado el nuevo. Está en fragmentos.

Y efectivamente, estaba en fragmentos. Después de leer las secciones aisladas, decidí que el libro tenía méritos y que era necesario compartir su contenido, especialmente en estos tiempos cambiantes. Aceptamos participar con Robert como coautores del libro.

Le pregunté qué tanta información financiera consideraba él que necesitaría un hijo. Me respondió que eso dependería del hijo. Él supo a edad temprana que quería ser rico y tuvo la suerte de tener como figura paterna a un hombre rico y dispuesto a guiarlo. "La educación es la base del éxito", dijo Robert.

Las habilidades escolares son importantes, tanto como las habilidades financieras y de comunicación.

Lo que sigue es la historia de los dos padres de Robert, uno rico y el otro pobre, que permite exponer las habilidades que él ha desarrollado a lo largo de su vida. El contraste entre los dos padres proporciona una perspectiva importante. Yo he apoyado, integrado y editado el libro. A los contadores que lean este libro les digo: dejen a un lado su conocimiento académico y abran la mente a las teorías que Robert presenta. A pesar de que muchas de ellas desafían las bases mismas de los principios de contabilidad aceptados generalmente, proporcionan una perspectiva valiosa sobre la manera en que los verdaderos inversionistas analizan y toman sus decisiones de inversión.

Cuando nosotros, como padres, recomendamos a nuestros hijos que "vayan a la escuela, estudien duro y obtengan un buen empleo", a menudo lo hacemos debido a un hábito cultural. Eso siempre ha sido lo correcto. Cuando conocí a Robert, sus ideas me inquietaron inicialmente. Como fue criado por dos padres, se le enseñó a esforzarse en pos de dos metas diferentes. Su padre educado le aconsejó trabajar para una corporación. Su padre rico le aconsejó ser dueño de la corporación. Ambos caminos requerían educación, pero las materias de estudio eran completamente diferentes. Su padre educado alentó a Robert a ser una persona inteligente. Su padre rico alentó a Robert a saber cómo contratar a personas inteligentes.

Tener dos padres ocasionó muchos problemas. El verdadero padre de Robert era el superintendente de educación del estado de Hawai. Para la época en que Robert tenía 16 años de edad, la amenaza de "si no obtienes buenas calificaciones no obtendrás un buen trabajo", tenía poco efecto. Él sabía ya que su camino era el de ser dueño de corporaciones, no el de trabajar para ellas. De hecho, de no haber sido por la guía persistente y sabia de un consejero de la escuela preparatoria, Robert pudo no haber asistido a la universidad. Él lo admite. Robert estaba deseoso de comenzar a conformar sus activos, pero finalmente estuvo de acuerdo que una educación universitaria también le sería benéfica.

A decir verdad las ideas contenidas en este libro son probablemente demasiado radicales o inalcanzables para la mayoría de los padres de la actualidad. A algunos padres de familia les cuesta ya suficiente trabajo simplemente mantener a los hijos en la escuela. Sin embargo, a la luz de los tiempos cambiantes, como padres necesitamos estar abiertos a ideas nuevas y atrevidas. Alentar a nuestros hijos a que se conviertan en empleados es aconsejarles que paguen más impuestos de los que les corresponde en justicia a lo largo de su vida, con pocas esperanzas de contar con una pensión, o sin ella. Y es verdad que los impuestos son el mayor gasto de una persona. De hecho, la mayoría de las familias trabaja desde enero hasta mediados de mayo para el gobierno, tan solo para cubrir sus impuestos. Se requieren nuevas ideas, y este libro las proporciona.

Robert asegura que los ricos enseñan a sus hijos de manera diferente. Ellos les enseñan a sus hijos en casa, durante la cena. Esas ideas no son quizá las que usted elegiría para discutir con sus hijos, pero le agradecemos que las considere. Le aconsejo que continúe buscando. En mi opinión, como madre y como contadora pública, el concepto de simplemente obtener buenas calificaciones y encontrar un buen empleo es una idea vieja. Necesitamos aconsejar a nuestros hijos de manera más sofisticada. Necesitamos ideas nuevas y una educación diferente. Es posible que decirle a nuestros hijos que se esfuercen por ser buenos empleados al mismo tiempo que luchan por ser dueños de su propia corporación de inversiones no sea una mala idea.

Mi esperanza como madre es que este libro ayude a otros padres. La esperanza de Robert es informar a la gente que cualquiera puede lograr la prosperidad si elige hacerlo. Si actualmente es usted un jardinero o un conserje, o incluso si está desempleado, puede educarse a sí mismo y enseñar a sus seres queridos a atender sus asuntos financieros. Recuerde que la inteligencia financiera es el proceso mental por medio del cual resolvemos nuestros problemas financieros.

Actualmente estamos encarando cambios globales y tecnológicos tan grandes o incluso mayores a los que jamás nos habíamos enfrentado. Nadie tiene una bola de cristal, pero una cosa es segura: nos esperan cambios que están más allá de nuestra comprensión. ¿Quién sabe lo que nos depara el futuro? Pero suceda lo que suceda, tenemos dos opciones fundamentales: jugar a la segura o jugar de manera inteligente al prepararnos, educarnos y despertar en nosotros mismos y en nuestros hijos el genio financiero que llevamos dentro.

Sharon Lechter

Padre rico, padre pobre

Tal y como fue narrado por Robert Kiyosaki

Yo tuve dos padres, uno rico y otro pobre. Uno era inteligente y muy educado; tenía un doctorado y realizó los estudios universitarios correspondientes a cuatro años en sólo dos. Asistió a la Universidad de Stanford, a la Universidad de Chicago y a la Universidad del Noroeste para realizar estudios avanzados, todos ellos con beca completa. El otro padre nunca terminó la secundaria.

Ambos hombres fueron exitosos en sus carreras y trabajaron duro toda su vida. Ambos tuvieron ingresos considerables. Sin embargo, uno de ellos pasó problemas financieros toda su vida. El otro se convertiría en uno de los hombres más ricos de Hawai. Uno dejó al morir decenas de millones de dólares a su familia, a instituciones de beneficencia y a su iglesia. El otro dejó cuentas por pagar.

Ambos hombres eran fuertes, carismáticos e influyentes. Ambos me ofrecieron su consejo, pero no me aconsejaron las mismas cosas. Ambos hombres creían poderosamente en la educación, pero no me recomendaron el mismo tipo de estudios.

Si yo hubiera tenido un sólo padre, hubiera tenido que aceptar o rechazar su consejo. El hecho de haber tenido dos padres que me aconsejaban me dio la oportunidad de escoger entre puntos de vista contrapuestos, uno correspondiente a un hombre rico y otro a un hombre pobre.

En vez de simplemente aceptar o rechazar uno u otro, me encontré pensando más, comparando y escogiendo por mi propia cuenta.

El problema fue que el hombre rico no era rico todavía, y el hombre pobre todavía no era pobre. Ambos estaban apenas comenzando sus carreras, y ambos pasaban trabajos con el dinero y sus familias. Sin embargo, tenían puntos de vista muy diferentes sobre el tema del dinero.

Por ejemplo, uno de mis padres me diría: "El amor al dinero es la raíz de todos los males." El otro: "La falta de dinero es la raíz de todos los males."

En mi juventud, el hecho de tener la influencia de dos padres fuertes me resultó difícil. Yo quería ser un buen hijo y escuchar, pero mis dos padres no me decían las mismas cosas. El contraste en sus puntos de vista, especialmente en lo que se refería al dinero, era tan brusco que crecí curioso e intrigado. Comencé a pensar por largos periodos de tiempo sobre lo que cada uno de ellos decía.

Pasé gran parte de mi tiempo reflexionando, formulándome preguntas como "¿por qué dice eso?" y luego formulando la misma pregunta respecto a la afirmación de mi otro padre. Hubiera sido mucho más sencillo decir simplemente: "Sí, él está en lo cierto. Estoy de acuerdo con eso." O simplemente rechazar el punto de vista al decir: "El viejo no sabe de lo que habla." En vez de ello, el tener dos padres a quienes yo amaba me obligó a pensar y en última instancia a elegir una forma de pensar para mí mismo. Como proceso, elegir por mí mismo resultó mucho más valioso a largo plazo, en vez de simplemente aceptar o rechazar un solo punto de vista.

Una de las razones por la que los ricos se enriquecen, los pobres empobrecen y la clase media lucha con la deuda es debido a que el tema del dinero es enseñado en casa, no en la escuela. La mayoría de nosotros aprendemos de nuestros padres sobre el dinero. ¿Qué puede decirle un padre pobre a su hijo acerca del dinero? Le dirá simplemente: "Quédate en la escuela y estudia duro." El hijo puede graduarse con excelentes calificaciones, pero con una mentalidad y programación financiera correspondiente a una persona pobre. El hijo aprendió lo anterior cuando era joven.

El tema del dinero no se enseña en las escuelas. Las escuelas se enfocan en las habilidades profesionales y académicas, pero no en las habilidades financieras. Eso explica por qué banqueros, doctores y contadores inteligentes, que obtuvieron excelentes calificaciones en la escuela, pueden tener problemas financieros a lo largo de toda su vida. Nuestra impresionante deuda nacional se debe en gran medida a políticos y funcionarios gubernamentales muy bien educados, que toman decisiones financieras con poca o ninguna capacitación en el tema del dinero.

A menudo miro hacia adelante, al nuevo milenio, y me pregunto qué ocurrirá cuando tengamos millones de personas que requerirán asistencia médica y financiera. Esas personas dependerán de sus familias o del gobierno para recibir apoyo financiero. ¿Qué ocurrirá cuando el Seguro Social y los servicios públicos de salud agoten sus fondos? ¿Cómo podrá sobrevivir un país si la enseñanza sobre el tema del dinero sigue estando en manos de los padres, la mayoría de los cuales será, o es ya, pobre?

Dado que tuve dos padres influyentes, aprendí de ambos. Tuve que pensar en el consejo de cada uno de mis padres, y al hacerlo, obtuve una valiosa perspectiva sobre el poder y el efecto de nuestras ideas en nuestra vida. Por ejemplo, uno de mis padres tenía la costumbre de decir "no puedo comprarlo". El otro padre prohibió el uso de esa frase. Él insistía en decir: "¿Cómo puedo comprarlo?" La primera frase es una declaración; la segunda es una pregunta. La primera nos deja al margen, mientras que la otra nos obliga a pensar. Mi padre, el que pronto sería rico, explicaría que al decir automáticamente las palabras "no puedo comprarlo", tu cerebro deja de funcionar. Al formular la pregunta "¿cómo puedo comprarlo?" tu cerebro se pone a funcionar. Él no quería decir con lo anterior que uno debe comprar todo lo que uno quiere. Él era un fanático de ejercitar la mente, la computadora más poderosa del mundo. "Mi cerebro se hace más fuerte cada día porque lo ejercito. Mientras más fuerte sea, más dinero puedo ganar. Creía que decir automáticamente "no puedo comprarlo" era una señal de pereza mental.

Aunque ambos padres trabajaban duro, me di cuenta de que uno de ellos tenía la costumbre de poner su mente a dormir en lo que se refería a cuestiones de dinero, y el otro tenía el hábito de ejercitar su mente. El resultado de largo plazo fue que uno de mis padres se hizo más fuerte financieramente y el otro se hizo más débil. Lo anterior no es muy diferente a una persona que acude al gimnasio a ejercitarse de manera regular en comparación con alguien que se sienta en el sofá a ver la televisión. El ejercicio físico adecuado incrementa sus oportunidades de salud y el ejercicio mental adecuado incrementa sus oportunidades de riqueza. La pereza reduce tanto la salud como la riqueza.

Mis dos padres tenían maneras de pensar contrapuestas. Uno de ellos pensaba que el rico debía pagar más impuestos para beneficiar a los menos afortunados. El otro decía: "Los impuestos castigan a quienes producen y recompensan a quienes no producen."

Uno de mis padres me recomendaba: "Estudia duro para que encuentres una buena compañía para la cual trabajar." El otro recomendaba: "Estudia duro para que encuentres una buena compañía que comprar."

Uno de ellos decía: "La razón por la que no soy rico es porque tengo a mis hijos." El otro decía: "La razón por la que debo ser rico es porque tengo a mis hijos."

Uno alentaba la conversación sobre dinero y negocios durante la cena. El otro había prohibido hablar de dinero durante la cena.

Uno decía: "En lo que se refiere al dinero, juega a lo seguro, no tomes riesgos. El otro decía: "Aprende a manejar el riesgo."

Uno creía que "nuestra casa es nuestra inversión más grande y nuestro activo más importante". El otro consideraba que "mi casa es un pasivo, y si tu casa es tu inversión más grande, estás en problemas".

Ambos padres pagaban sus cuentas a tiempo; sin embargo uno las pagaba en primer término, mientras que el otro lo hacía al último.

Uno de mis padres creía que una compañía o el gobierno debía hacerse cargo de uno y sus necesidades. Siempre le preocupaban los incrementos de salario, los planes de jubilación, los beneficios médicos, los permisos por enfermedad, las vacaciones y otros detalles. Estaba impresionado con dos de sus tíos que se unieron al ejército y obtuvieron un paquete de jubilación y beneficios de por vida luego de 20 años de servicio activo. Amaba la idea de los beneficios médicos y de los privilegios que el ejército ofrece a los jubilados. También le gustaba el sistema de nombramientos irrevocables de la universidad. La idea de la protección laboral de por vida y de los beneficios laborales parecía más importante en ocasiones que el empleo mismo. A menudo decía: "He trabajado duro para el gobierno y merezco esos beneficios."

El otro creía en la total independencia financiera. Se manifestaba en contra de la mentalidad de los "merecimientos" y de la manera en que dicha mentalidad creaba personas más débiles y con necesidades financieras. Hacía mucho hincapié en ser competente desde el punto de vista financiero.

Uno de mis padres pasaba trabajos para ahorrar unos cuantos dólares. El otro simplemente creaba inversiones.

Uno de mis padres me enseñó cómo redactar un curriculum vitae impresionante, con el fin de obtener un buen empleo. El otro me enseñó cómo escribir planes financieros y de negocios poderosos, con el fin de que yo pudiera crear empleos.

Ser el resultado de dos padres fuertes me permitió darme el lujo de observar los efectos que las ideas diferentes tienen sobre la vida de uno. Me di cuenta de que las personas realmente dan forma a sus vidas por medio de sus pensamientos.

Por ejemplo, mi padre pobre decía siempre: "Yo nunca seré rico." Y esa profecía se volvió realidad. Mi padre rico, por otra parte, siempre se refirió a sí mismo como rico. Decía cosas como: "Yo soy rico, y los ricos no hacen esto." Incluso cuando quedó en bancarrota luego de un gran revés financiero, continuó refiriéndose a sí mismo como un hombre rico. Se cubría diciendo: "Hay una diferencia entre ser pobre y estar quebrado. Uno puede estar quebrado temporalmente; uno es pobre eternamente."

Mi padre pobre también diría "no me interesa el dinero" o "el dinero no importa". Mi padre rico decía siempre: "El dinero es poder."

Es posible que el poder de nuestras ideas no pueda ser medido o apreciado jamás, pero me pareció obvio durante mi juventud que debía estar consciente de mis ideas y de la manera en que me expresaba. Me di cuenta de que mi padre pobre no era pobre debido a la cantidad de dinero que ganaba, que era importante, sino debido a sus ideas y acciones. Siendo joven, y al tener dos padres, me di cuenta de que debía ser cuidadoso al seleccionar las ideas que adoptaría como propias. ¿A quién debía yo escuchar, a mi padre rico o a mi padre pobre?

Aunque ambos hombres tenían un tremendo respeto por la educación y el aprendizaje, estaban en desacuerdo en lo que consideraban que era más importante aprender. Uno deseaba que yo estudiara duro, obtuviera un grado académico y un buen trabajo para trabajar con el fin de ganar dinero. Quería que yo estudiara para convertirme en un profesionista, un abogado o un contador o asistir a la escuela de negocios para convertirme en administrador de empresas. El otro me alentaba a estudiar para ser rico, para comprender la manera en que funciona el dinero y aprender cómo hacer que trabajara para mí. "¡Yo no trabajo para ganar dinero!", eran palabras que repetía una y otra vez: "¡El dinero trabaja para mí!"

A la edad de nueve años decidí escuchar y aprender de mi padre rico en lo que se refiere al dinero. Al hacerlo elegí no escuchar a mi padre pobre, a pesar de que él era quien tenía todos los títulos universitarios.

Una lección de Robert Frost

Robert Frost es mi poeta favorito. Aunque me gustan muchos de sus poemas, mi favorito es "El camino que no escogí". Utilizo su lección casi todos los días.

El camino que no escogí

Dos caminos se bifurcaban en un bosque amarillo
y lamentablemente no pude recorrer los dos.
Y siendo yo un viajero solitario, largo tiempo me detuve.
Y miré por uno de ellos, tan lejos como pude
hasta donde se perdía en la maleza.

Entonces consideré el otro, tan recto como el anterior
y poseedor quizá de mejor derecho,
porque el pasto era más alto y deseaba ser recorrido
aunque quienes habían pasado por allí
los habían desgastado casi por igual.

Y ese mañana ambos se tendían
en hojas que ninguna pisada había ennegrecido
¡Ah, dejé el primero para otro día!
Y sin embargo, sabedor de que un camino lleva al otro,
dudé si alguna vez regresaría.

Debería decir esto con un suspiro
en algún momento, dentro de muchas eras;
dos caminos se bifurcaban en el bosque, y yo,
yo tomé el camino menos transitado.
Y ésa ha sido la diferencia.

Robert Frost (1916)

Y ésa ha sido toda la diferencia.
A lo largo de los años he reflexionado sobre el poema de Robert Frost. La elección de no escuchar los consejos y la actitud de mi padre más educado fue una decisión dolorosa, pero fue una decisión que forjó el resto de mi vida.

Una vez que decidí a quién escuchar, dio inicio mi educación en lo relacionado con el dinero. Mi padre rico me enseñó, a lo largo de 30 años, hasta que cumplí 39 años de edad. Dejó de hacerlo una vez que se dio cuenta de que yo sabía y comprendía totalmente lo que había tratado de meterme insistentemente en la cabeza, a menudo dura.

El dinero es una forma de poder. Pero lo que es más poderoso es la educación financiera. El dinero va y viene, pero si usted tiene la educación sobre la manera en que funciona el dinero, usted obtiene poder sobre él y puede comenzar a acumular riqueza. La razón por la que el pensamiento positivo por sí solo no funciona es debido a que la mayoría de las personas asistieron a la escuela y nunca aprendieron la manera en que funciona el dinero, por lo que pasan sus vidas trabajando para ganar dinero.

Dado que yo sólo tenía nueve años de edad cuando comencé las lecciones que me enseñó mi padre rico, éstas eran sencillas. Y cuando todo estaba dicho, sólo había seis lecciones principales que se repitieron durante 30 años. Este libro trata de esas seis lecciones, expuestas de la manera más sencilla posible, tal y como mi padre me las enseñó. Las lecciones no pretenden ser respuestas sino guías. Las guías le ayudarán a usted y a sus hijos a enriquecerse sin importar lo que ocurra en un mundo en constante cambio e incertidumbre.

Lección 1

Los ricos no trabajan
por dinero

Lección 2

¿Por qué enseñar especialización financiera?

Lección 3

Atienda su propio negocio

Lección 4

La historia de los impuestos y el poder de las
corporaciones

Lección 5

Los ricos inventan el dinero

Lección 6

Trabaje para aprender,
no para ganar dinero

Los ricos no trabajan por dinero

—Papá: ¿Puedes decirme cómo volverme rico?

Mi padre dejó a un lado el periódico vespertino: "¿Por qué quieres volverte rico, hijo?"

—Porque la mamá de Jimmy apareció al volante de su nuevo Cadillac, y ellos se fueron a pasar el fin de semana a su casa en la playa. Jimmy invitó a tres de sus amigos, pero Mike y yo no fuimos invitados. Nos dijeron que no nos invitaban porque éramos "niños pobres".

—¿Ellos dijeron eso? —preguntó mi padre, incrédulo.

—Sí, lo dijeron —respondí herido.

Mi padre meneó la cabeza en silencio, empujó sus anteojos sobre su nariz y volvió a leer el periódico. Yo me quedé a la espera de una respuesta.

Corría el año 1956. Yo tenía nueve años de edad. Por un capricho del destino, yo asistía a la misma escuela pública a la que los ricos enviaban a sus hijos. El nuestro era un pueblo en una plantación de azúcar. Los gerentes de la plantación y otras personas pudientes del pueblo, como los doctores, los dueños de negocios y los banqueros, enviaban a sus hijos a esa escuela, del primero al sexto grado. Luego de pasar el sexto grado, sus hijos generalmente eran enviados a escuelas particulares. Dado que mi familia vivía a un lado de la calle de esa escuela, yo asistí a ella. Si hubiera vivido en la acera de enfrente hubiera tenido que ir a una escuela diferente, con los hijos de familias como la mía. Luego del sexto grado, esos niños y yo asistiríamos a la secundaria pública y a la preparatoria pública. No había escuela particular para ellos o para mí.

Mi padre finalmente dejó el periódico. Me di cuenta de que estaba pensando.

—Bien, hijo —comenzó lentamente—. Si quieres ser rico, tienes que aprender a hacer dinero.

—¿Cómo puedo hacer dinero —pregunté.

—Bien, hijo, utiliza tu cabeza —me dijo sonriente. Lo que quería decir era: "Eso es todo lo que voy a decirte", o "no sé la respuesta, no me avergüences".

Se forma una sociedad

A la mañana siguiente le dije a Mike, mi mejor amigo, lo que mi padre me había dicho. Hasta donde sé, Mike y yo éramos los únicos niños pobres en esa escuela. De la misma forma que yo, Mike estaba en esa escuela por un capricho del destino. Alguien había dibujado una línea para definir el distrito escolar y nosotros terminamos en la escuela de los niños ricos. Nosotros no éramos realmente pobres, pero sentíamos como si lo fuéramos porque todos los demás niños tenían guantes de béisbol nuevos, bicicletas nuevas, todo nuevo.

Mi madre y mi padre nos proporcionaban las cosas básicas, como la comida, la vivienda y la ropa. Pero eso era todo. Mi padre solía decir: "Si quieres algo, trabaja para obtenerlo." Nosotros queríamos cosas, pero no había mucho trabajo disponible para niños de nueve años.

—¿Qué hacemos para ganar dinero? —preguntó Mike.

—No sé —le dije—. Pero, ¿quieres ser mi socio?

Aceptó y de esa manera, ese sábado por la mañana, Mike se convirtió en mi primer socio de negocios. Pasamos toda la mañana pensando en ideas sobre cómo ganar dinero. Ocasionalmente hablábamos acerca de los "niños ricos" que estaban en la casa de playa de Jimmy, divirtiéndose. Nos dolía un poco, pero ese dolor era bueno, porque nos inspiró a seguir pensando en la manera de ganar dinero. Finalmente, esa tarde una iluminación nos vino a la mente. Se trataba de una idea que Mike había tomado de un libro de ciencia que había leído. Muy emocionados nos dimos un apretón de manos y la sociedad tenía ahora un negocio.

Durante las siguientes semanas, Mike y yo recorrimos el vecindario tocando puertas y preguntando a los vecinos si nos guardarían los tubos de dentífrico usados. Con miradas curiosas, la mayoría asintió con la cabeza. Algunos nos preguntaron qué estábamos haciendo, a lo que nosotros respondíamos: "No podemos decirle. Se trata de un negocio secreto."

Mi madre estaba cada vez más molesta, conforme pasaron las semanas. Habíamos seleccionado un sitio cercano a su lavadora de ropa como el lugar donde almacenaríamos nuestra materia prima. En una caja de cartón que alguna vez contuvo botellas de salsa de tomate comenzó a crecer nuestra pila de tubos vacíos de dentífrico.

Finalmente intervino mi mamá. Le había afectado el espectáculo de los tubos apretados y vacíos. "¿Qué están haciendo, niños?", preguntó. "Y no quiero escuchar nuevamente que se trata de un negocio secreto. Hagan algo con ese desorden o lo voy a arrojar a la basura."

Mike y yo rogamos y suplicamos, explicándole que pronto tendríamos suficiente material para comenzar la producción. Le informamos que estábamos esperando a que un par de vecinos terminaran de utilizar su pasta de dientes para que nos dieran sus tubos. Mamá nos dio un plazo de una semana.

La fecha para comenzar la producción fue adelantada. La presión estaba sobre nosotros. Mi primera sociedad de negocios estaba siendo ya amenazada con una notificación de lanzamiento de nuestro primer espacio de almacén, por mi propia madre. Correspondió a Mike el trabajo de apresurar a los vecinos para que utilizaran su pasta de dientes, diciéndoles que el dentista de cualquier manera quería que se lavaran más a menudo. Yo comencé a armar la línea de producción.

Un día mi padre llevó a un amigo para ver a dos niños de nueve años con una línea de producción funcionando a toda velocidad en la rampa de acceso a la cochera. Había polvo blanco por todas partes. En una mesa larga había pequeños recipientes de leche que obtuvimos en la escuela, y la parrilla de la familia resplandecía por el fulgor de los trozos de carbón al rojo vivo.

Papá se acercó precavidamente y estacionó su automóvil a la entrada de la rampa, porque la línea de producción obstruía la entrada de su cochera. Conforme él y su amigo se acercaron pudieron ver una olla de acero colocada sobre el carbón, con los tubos de dentífrico derritiéndose. Los tubos estaban hechos de plomo. De manera que una vez removida la pintura colocamos los tubos en la olla de acero, los derretimos hasta hacerlos líquido y sosteniéndola por las asas vertimos el plomo a través de un pequeño agujero en la parte superior de los cartones de leche.

Los recipientes de cartón estaban rellenos de yeso. El polvo blanco que podía verse por todas partes era el yeso antes de ser mezclado con agua. En mi premura había volcado el saco de yeso, y toda el área tenía el aspecto de haber sido golpeada por una tormenta de nieve. Los cartones de leche eran los recipientes para los moldes de yeso.

Mi padre y su amigo observaron mientras vertimos cuidadosamente el plomo derretido a través de un pequeño agujero en la parte superior del cubo de yeso.

—Tengan cuidado —dijo mi padre.

Yo asentí con la cabeza sin levantar la vista.

Finalmente, una vez que terminamos de verter, dejé la olla de acero y sonreí a mi padre.

—¿Qué están haciendo, niños? —nos preguntó con una sonrisa precavida.

—Estamos haciendo lo que me dijiste que hiciera. Nos vamos a volver ricos —le respondí.

—Sí —dijo Mike, sonriente y asintiendo con la cabeza—. Somos socios.

—¿Y qué hay en los moldes de yeso? —preguntó mi padre.

—Mira —le dije—. Esta debe estar lista.

Con un pequeño martillo golpeé ligeramente el sello que dividía el cubo en dos. Levanté la mitad superior del molde de yeso y apareció una moneda de plomo.

—¡Oh, Dios mío! —dijo mi padre—. Están acuñando centavos de plomo.

—Así es —dijo Mike—. Estamos haciendo lo que usted nos dijo. Estamos haciendo dinero.

El amigo de mi padre se dio la vuelta y soltó una carcajada. Mi padre sonrió y sacudió la cabeza. Junto al fuego y a una caja de tubos de dentífrico usados había dos niños pequeños cubiertos de plomo que sonreían de oreja a oreja.

Nos pidió que dejáramos lo que estábamos haciendo y que nos sentáramos en los peldaños frente a la casa. Sonriente, mi padre nos explicó el significado de la palabra "falsificación".

Nuestros sueños se habían desvanecido: "¿Quieres decir que esto es ilegal?", preguntó Mike con voz entrecortada.

—Déjalos —dijo el amigo de mi padre—. Es posible que estén desarrollando un talento natural.

Mi padre le clavó la mirada.

—Sí, es ilegal —dijo amablemente mi padre—. Pero ustedes han mostrado una gran creatividad y originalidad de pensamiento. Sigan trabajando. ¡Realmente estoy orgulloso de ustedes!

Desilusionados, Mike y yo nos sentamos en silencio cerca de 20 minutos antes de comenzar a limpiar nuestro desorden. El negocio había fracasado el mismo día que inició. Mientras barría el polvo, miré a Mike y le dije: "Creo que Jimmy y sus amigos están en lo cierto. Somos pobres."

Mi padre estaba marchándose cuando dije eso. "Niños", dijo. "Ustedes sólo son pobres si se rinden. Lo más importante es que hicieron algo. La mayoría de la gente sólo habla y sueña con volverse rica. Ustedes han hecho algo. Estoy muy orgulloso de ustedes. Lo diré nuevamente: sigan trabajando. No se rindan."

Mike y yo nos quedamos parados allí, en silencio. Ésas eran palabras muy lindas, pero nosotros todavía no sabíamos qué hacer.

—¿Y por qué tú no eres rico, papá? —pregunté.

—Porque escogí ser maestro de escuela. Los maestros de escuela no piensan realmente en volverse ricos. Solamente nos gusta enseñar. Me gustaría ayudarles, pero yo no sé realmente cómo hacer dinero.

Mike y yo nos dimos la vuelta y continuamos limpiando.

—Ya sé —dijo mi padre—. Si ustedes desean aprender cómo volverse ricos, no me pregunten. Hablen con tu padre, Mike.

—¿Mi papá? —preguntó Mike, con un gesto de sorpresa en el rostro.

—Sí, tu padre —repitió mi papá con una sonrisa—. Tu papá y yo tenemos el mismo banquero, y él se la pasa elogiando a tu padre. Me ha dicho muchas veces que tu padre es muy brillante en lo que se refiere a ganar dinero.

—¿Mi papá? —preguntó Mike nuevamente, incrédulo—. ¿Entonces por qué no tenemos un automóvil bonito y una linda casa como esos niños ricos en la escuela?

—Un carro y una casa bonitos no significan necesariamente que tú eres rico o que conoces la manera de hacer dinero —respondió mi padre—. El papá de Jimmy trabaja para la plantación de azúcar. Él no es muy diferente de mí. Él trabaja para una compañía, y yo trabajo para el gobierno. La compañía le compra el automóvil. La compañía azucarera está en problemas financieros, y es posible que el papá de Jimmy no tenga nada pronto. Tu papá es diferente, Mike. Él parece estar construyendo un imperio, y yo sospecho que en unos cuantos años será un hombre muy rico.

Al escuchar lo anterior, Mike y yo volvimos a emocionarnos. Con nueva energía comenzamos a limpiar el desorden causado por nuestro primer negocio fracasado. Conforme limpiábamos, hacíamos planes sobre cómo y cuándo hablaríamos con el padre de Mike. El problema es que el papá de Mike trabajaba mucho y a menudo no regresaba a casa sino hasta muy tarde. Su padre era propietario de unos almacenes, una compañía constructora, una cadena de tiendas y tres restaurantes. Los restaurantes lo mantenían fuera hasta tarde.

Mike tomó el autobús a su casa después de que terminamos de limpiar. Iba a hablar con su padre cuando llegara a casa esa noche y le preguntaría si le enseñaría la manera de volvernos ricos. Mike prometía llamarme tan pronto como hablara con su padre, incluso si era tarde.

El teléfono sonó a las 8:30 p. m.

—Muy bien —dijo—. El próximo sábado —y colgó. El padre de Mike había aceptado reunirse con Mike y conmigo.

A las 7:30 del sábado por la mañana tomé el autobús para dirigirme a la parte pobre del pueblo.

La lección comienza:

"Les pagaré 10 centavos por hora."
Incluso de acuerdo con los estándares de salario de 1956,
10 centavos por hora era poco.

Michael y yo nos reunimos con su padre esa mañana, a las ocho. Él ya estaba ocupado y había estado trabajando por más de una hora. Su supervisor de construcción estaba marchándose en su camioneta cuando llegué a la casa sencilla, pequeña y ordenada. Mike me recibió en la puerta.

—Mi papá está en el teléfono y nos pide que le esperemos en el porche trasero.

El viejo piso de madera crujió cuando atravesé el umbral de esa casa vieja. Había un tapete barato a la entrada. El tapete estaba allí para ocultar los años de uso de incontables pisadas que el piso había soportado. Aunque estaba limpio, necesitaba ser reemplazado.

Me sentí claustrofóbico cuando entré a la angosta estancia, que estaba llena de muebles viejos y enmohecidos que hoy en día serían piezas de colección. Dos mujeres, un poco mayores que mi madre, estaban sentadas en el sofá. Con ellas estaba sentado un hombre vestido como obrero. Llevaba pantalones y camisa caqui, bien planchados pero sin almidón, y botas de trabajo lustradas. Era aproximadamente 10 años más grande que mi padre; diría que tenía cerca de 45 años de edad. Sonrieron cuando Mike y yo pasamos junto a ellos camino de la cocina, que conducía al porche desde el que se veía el jardín trasero. Yo sonreí tímidamente.

—¿Quiénes son esas personas? —pregunté.

—Oh, ellos trabajan para mi padre. El hombre más viejo dirige los almacenes, y las mujeres son las gerentes de los restaurantes. Y viste al supervisor de construcción, que está trabajando en la construcción de un camino cerca de 50 millas de aquí. El otro supervisor, que está construyendo un grupo de casas, se marchó antes de que tú llegaras.

—¿Y esto sucede todo el tiempo? —le pregunté.

—No siempre, pero con cierta frecuencia —me dijo Mike, sonriendo mientras jalaba una silla para sentarse cerca de mí.

—Le pregunté si nos enseñaría a hacer dinero —dijo Mike.

—Oh. ¿Y qué te dijo? —le pregunté con curiosidad precavida.

—Al principio tenía una expresión divertida en el rostro, y luego dijo que nos haría una oferta.

—Oh —exclamé, meciendo mi silla contra la pared. Me senté allí, con la silla apoyada contra el muro.

Mike hizo lo mismo.

—¿Sabes en qué consiste la oferta? —le pregunté.

—No, pero lo averiguaremos pronto.

Repentinamente el padre de Mike irrumpió en el porche abriendo la puerta cubierta por un mosquitero. Mike y yo nos levantamos de un brinco, no por respeto sino porque nos asustamos.

—¿Están listos, chicos? —preguntó Mike mientras jalaba una silla para sentarse con nosotros.

Asentimos y jalamos nuestras sillas para alejarlas del muro y sentarnos frente a él.

Se trataba de un hombre grande, de cerca de 1.80 m de estatura y 92 kilogramos de peso. Mi padre era más alto, de aproximadamente el mismo peso y cinco años mayor que el de Mike. Eran parecidos, aunque no del mismo origen étnico. Es posible que tuvieran una energía similar.

—Mike dice que ustedes quieren aprender a hacer dinero. ¿Es eso cierto, Robert?

Asentí con la cabeza rápidamente, pero ligeramente intimidado. Él tenía mucho poder detrás de sus palabras y su sonrisa.

—Muy bien, he aquí mi oferta. Yo les enseñaré, pero no lo haré a la manera de un salón de clases. Ustedes trabajaran para mí y yo les enseñaré. Si no trabajan para mí, yo no les enseñaré. Puedo enseñarles más rápidamente si trabajan, y estaré desperdiciando mi tiempo si ustedes sólo quieren sentarse y escuchar, como hacen en la escuela. Ésa es mi oferta. Tómenla o déjenla.

—Ah... ¿Puedo hacer una pregunta antes? —intervine.

—No. Tómenla o déjenla. Tengo mucho trabajo como para desperdiciar mi tiempo. Si no pueden tomar una decisión con firmeza, nunca aprenderán a hacer dinero. Las oportunidades van y vienen. Una habilidad importante consiste en ser capaz de saber cuándo es necesario tomar decisiones rápidas. Ustedes tienen la oportunidad que pidieron. La escuela comienza o ha terminado en 10 segundos —dijo el padre de Mike con una sonrisa fastidiosa.

—Acepto —dije.

—Acepto —dijo Mike.

—Bien —dijo el padre de Mike—. La señora Martin estará aquí en 10 minutos. Una vez que haya terminado con ella, ustedes la acompañarán a la tienda y comenzarán a trabajar. Les pagaré 10 centavos por hora y trabajarán tres horas cada sábado.

—Pero yo tengo un juego de *softball* hoy —le dije.

El papá de Mike bajó el tono de su voz: "Tómala o déjala", dijo.

—Acepto —respondí, escogiendo trabajar y aprender en lugar de jugar al *softball*.

30 centavos después

A las 9:00 horas de una bella mañana de sábado, Mike y yo estábamos trabajando para la señora Martin. Ella era una mujer amable y paciente. Siempre dijo que Mike y yo le recordábamos a sus dos hijos que habían crecido y se habían marchado. Aunque era amable, creía en el trabajo duro y nos mantuvo trabajando. Era la encargada de asignar nuestras tareas. Pasamos tres horas quitando latas de las repisas y sacudiendo cada lata con un plumero para quitarle el polvo, y luego volviendo a colocarla en orden. Era un trabajo terriblemente aburrido.

El padre de Mike, a quien ahora llamo mi padre rico, era dueño de nueve de esas pequeñas tiendas, con grandes estacionamientos. Eran una versión temprana de pequeños supermercados, los 7-Eleven. Se trataba de pequeñas tiendas de vecindario, donde la gente compraba artículos básicos como leche, pan, mantequilla y cigarrillos. El problema era que aquél era Hawai antes de la introducción del aire acondicionado y las tiendas no podían cerrar sus puertas debido al calor. En lados opuestos de la tienda las puertas debían permanecer totalmente abiertas, hacia la calle y al estacionamiento. Cada vez que un automóvil pasaba por la calle o entraba al estacionamiento, el polvo se levantaba y entraba a la tienda.

Por lo tanto, teníamos un empleo en tanto no hubiera aire acondicionado.

Durante tres semanas Mike y yo trabajamos bajo las órdenes de la señora Martin durante tres horas. Al mediodía nuestro trabajo estaba terminado y ella dejaba caer tres monedas de 10 centavos en nuestras manos. Ahora bien, a la edad de nueve años a mediados de la década de 1950, 30 centavos no era una cantidad emocionante. Los libros de tiras cómicas costaban 10 centavos, por lo que yo generalmente gastaba mi dinero en tiras cómicas y me iba a casa.

Al llegar el miércoles de la cuarta semana yo estaba listo para renunciar. Había aceptado el trabajo sólo porque quería aprender a hacer dinero con el papá de Mike, y me había convertido en un esclavo por 10 centavos la hora. Además de lo anterior, no había visto al papá de Mike desde el primer sábado.

—Voy a renunciar —le dije a Mike a la hora del almuerzo. El almuerzo escolar era miserable. La escuela era aburrida, y ahora no tenía siquiera mis sábados. Pero en realidad eran los 30 centavos lo que me molestaba.

Esta vez Mike sonrió.

—¿De qué te ríes? —le pregunté con molestia y frustración.

—Papá dijo que esto iba a ocurrir. Me pidió que nos reuniéramos con él cuando estuvieras listo para renunciar.

—¿Qué? —le pregunté indignado—. ¿Estaba esperando que se me agotara la paciencia?

—Algo parecido —dijo Mike—. Papá es diferente. Su manera de enseñar es distinta a la de tu papá. Tu mamá y tu papá hablan mucho. Mi papá es un hombre reservado, de pocas palabras. Espera al sábado. Le diré que estás listo.

—¿Quieres decir que me ha puesto a prueba?

—No, realmente no. Pero puede ser. Papá te explicará el sábado.

Esperando mi turno el sábado

Estaba listo para encararlo, y estaba preparado. Incluso mi verdadero padre estaba enojado con él. Mi verdadero padre, aquel a quien llamo mi padre pobre, pensó que mi padre rico estaba violando las leyes de trabajo infantil y que debía ser investigado.

Mi padre pobre y educado me dijo que yo debía reclamar lo que me merecía. Al menos 25 centavos por hora. Mi padre pobre me dijo que si no obtenía un aumento, yo debía renunciar inmediatamente.

—Tú no necesitas ese maldito empleo de cualquier manera —dijo mi padre pobre, con indignación.

A las ocho de la mañana del sábado atravesé la misma puerta desvencijada de la casa de Mike.

—Toma asiento y espera tu turno —dijo el padre de Mike cuando entré. Se dio la vuelta y desapareció en su pequeña oficina, próxima al dormitorio.

Miré a mi alrededor y no vi a Mike por ninguna parte. Me sentí extraño y me senté cautelosamente junto a las mismas mujeres que habían estado allí cuatro semanas antes. Me sonrieron y se recorrieron para hacerme lugar en el sofá.

Pasaron 45 minutos, y yo estaba muy enojado. Las dos mujeres se habían entrevistado con él y se habían marchado 30 minutos antes. Un caballero más viejo también esperó allí 20 minutos y se había ido.

La casa estaba vacía y yo estaba sentado en una estancia oscura y enmohecida en un bello y soleado día en Hawai, esperando hablar con un tacaño que explotaba a los niños. Yo podía escucharlo mientras trabajaba en su oficina, hablando por teléfono, ignorándome. Estaba listo para marcharme, pero por alguna razón me quedé.

Finalmente, 15 minutos más tarde, exactamente a las nueve de la mañana, mi padre rico salió de su oficina y sin decir nada me hizo una señal con la mano para que entrara en su privado.

—Entiendo que quieres un aumento o vas a renunciar —me dijo mi padre rico, mientras se dejaba caer en su silla.

—Bueno, usted no está respetando su parte del acuerdo —le espeté, al borde de las lágrimas. Era realmente aterrador para un chico de 9 años de edad enfrentar a un adulto.

"Me dijo que me enseñaría si yo trabajaba para usted. Bien, he trabajado para usted. He trabajado muy duro. He dejado de asistir a mis juegos para trabajar para usted. Y usted no ha honrado su palabra. No me ha enseñado nada. Usted es un tramposo, como dicen todos en el pueblo. Usted es codicioso. Usted quiere todo el dinero y no le interesan sus empleados. Me ha hecho esperar y no me ha mostrado el menor respeto. Yo soy solamente un niño pequeño y merezco ser tratado de mejor manera.

Mi padre rico se meció hacia atrás en su silla, con la barbilla apoyada en las manos, mirándome. Era como si me estuviera estudiando.

—No está mal —me dijo—. En menos de un mes ya suenas como la mayoría de mis empleados.

—¿Qué? —le pregunté. Sin comprender lo que él decía, continué con mis agravios—. Yo pensé que usted iba a respetar su parte del trato y que iba a enseñarme. ¿En vez de eso quiere usted torturarme? Eso es cruel. Realmente cruel.

—Te estoy enseñando —dijo mi padre rico suavemente.

—¿Qué me ha enseñado? ¡Nada! —le dije enojado—. Usted no ha hablado conmigo ni siquiera una vez desde que acepté trabajar a cambio de cacahuates. Diez centavos por hora. ¡Ja! Yo debería notificar al gobierno. Tenemos leyes sobre el trabajo infantil, ¿sabe? Mi papá trabaja para el gobierno, ¿sabe?

—¡Guau! —dijo mi padre rico—. Ahora suenas igual que la mayoría de las personas que solían trabajar para mí. Personas que he despedido o que han renunciado.

—Entonces, ¿qué tiene usted que decir? —le exigí, sintiéndome muy valiente a pesar de ser un niño pequeño—. Usted me mintió. Yo he trabajado para usted, y usted no ha honrado su palabra. No me ha enseñado nada.

—¿Cómo sabes que no te he enseñado nada? —preguntó mi padre rico con calma.

—Bueno, nunca ha hablado conmigo. He trabajado durante tres semanas, y usted no me ha enseñado nada —dije en sollozos.

—¿Enseñar significa dar una lección? —preguntó mi padre rico.

—Bueno, sí —respondí.

—Esa es la manera en que te enseñan en la escuela —me dijo sonriendo—. Pero ésa no es la manera en que la vida te enseña, y la vida es la mejor maestra. La mayor parte del tiempo la vida no te habla. Sólo te empuja de un lugar a otro. Con cada empujón te dice: "Despierta, hay algo que quiero que aprendas".

"¿De qué está hablando este hombre?", me pregunté en silencio. ¿Los empujones de la vida quieren decir que la vida me está diciendo algo? Ahora sabía que debía renunciar a mi empleo. Estaba hablando con alguien que debía estar encerrado.

—Si aprendes las lecciones de la vida, te irá bien. Si no, la vida simplemente continuará empujándote de aquí para allá. La gente hace dos cosas. Algunos simplemente se dejan llevar de un lado a otro. Otros se enojan y devuelven el empujón. Sin embargo, lo devuelven en contra de su jefe, de su empleo, de su marido o su esposa. Ellos no saben que es la vida quien los está empujando.

Yo no tenía idea de qué quería decir.

—La vida nos empuja de un lado a otro. Algunos se rinden. Otros luchan. Unos cuantos aprenden la lección y siguen adelante. Reciben con beneplácito los empujones de la vida. Para estas personas, eso significa que necesitan y quieren aprender algo. Aprenden y siguen adelante. La mayoría renuncia, sólo unos cuantos, como tú, luchan.

Mi padre rico se puso de pie y cerró una ventana de madera decrépita que necesitaba reparación. "Si aprendes esta lección, te convertirás en un joven sabio, rico y feliz. Si no la aprendes, pasarás toda tu vida culpando a tu trabajo, tu salario bajo o a tu jefe por tus problemas. Vivirás tu vida en espera de un golpe de suerte que resuelva todos tus problemas de dinero."

Mi padre rico me observó para constatar que yo estaba escuchando. Sus ojos se encontraron con los míos. Nos miramos mientras un torrente de comunicación fluía entre nuestros ojos. Finalmente aparté la vista, una vez que había absorbido su último mensaje. Yo sabía que él estaba en lo cierto. Yo lo estaba culpando, y era yo quien le había pedido aprender. Estaba luchando.

Mi padre rico continuó: "O si eres la clase de persona que no tiene agallas, que se rinde cada vez que la vida lo empuja. Si eres ese tipo de persona, vivirás toda tu vida jugando a lo seguro, haciendo las cosas correctas, reservándote para un acontecimiento que nunca ocurrirá. Y luego morirás, siendo un viejo aburrido. Tendrás muchos amigos que realmente te querían porque eras un tipo bueno y trabajador que pasó su vida jugando a lo seguro, haciendo las cosas correctas. Pero la verdad es que habrás dejado de manera sumisa que la vida te empujara. En lo más profundo estabas aterrorizado ante la idea de correr riesgos. Realmente deseabas ganar, pero el miedo a perder era más grande que la emoción de ganar. Muy adentro, tú y sólo tú sabrás que no te atreviste. Elegiste jugar a lo seguro."

Nuestros ojos volvieron a encontrarse. Durante 10 segundos nos miramos, y sólo apartamos la vista una vez que el mensaje había sido recibido.

—¿Usted me ha estado empujando de un lado a otro?

—Algunas personas podrían decir eso —dijo mi padre rico, mientras sonreía—. Yo diría que sólo te di a probar el sabor de la vida.

—¿Qué sabor de la vida? —le pregunté, todavía enojado, pero ahora intrigado. Incluso listo para aprender.

—Ustedes dos fueron las primeras personas que me han pedido que les enseñe cómo hacer dinero. Tengo más de 150 empleados y ni uno solo de ellos me ha preguntado lo que sé sobre el dinero. Me han pedido un empleo y un cheque por su salario, pero nunca que les enseñe sobre el dinero. De manera que la mayoría pasará los mejores años de sus vidas trabajando por dinero, sin comprender realmente por qué trabajan.

Me senté a escuchar con atención.

—Así que cuando Mike me dijo que tú querías aprender cómo hacer dinero, decidí diseñar un curso parecido a la vida real. Yo podría hablar hasta quedarme sin aliento, pero tú nunca escucharías nada. De manera que decidí dejar que la vida te diera un empujón para que tú pudieras escucharme. Por eso es que te he pagado sólo 10 centavos.

—¿Entonces cuál es la lección que he aprendido al trabajar por sólo 10 centavos por hora? —le pregunté—. ¿Que usted es un tacaño y que explota a sus trabajadores?

Mi padre rico se meció en la silla y se rió a carcajadas. Finalmente, cuando dejó de reírse dijo: "Sería mejor que cambiaras de opinión. Deja de culparme y de pensar que yo soy el problema. Si consideras que yo soy el problema, entonces debes cambiarme. Si te das cuenta de que tú eres el problema, entonces debes cambiar, aprender algo y hacerte más sabio. La mayoría de la gente quiere que todos los demás cambien, excepto ellos mismos. Déjame decirte: es más fácil que tú cambies a que cambien los demás."

—No comprendo —le dije.

—No me culpes por tus problemas —dijo mi padre rico, cada vez más impaciente.

—Pero usted sólo me pagó 10 centavos.

—¿Entonces qué has aprendido? —preguntó mi padre rico, sonriente.

—Que usted es un tacaño —dije con una sonrisa burlona.

—¿Ves? Piensas que yo soy el problema —dijo mi padre rico.

—Pero lo es.

—Bien, mantén esa actitud y no habrás aprendido nada. ¿Qué opciones tienes?

—Bueno, si no me paga más o me muestra más respeto y me enseña, renunciaré.

—Bien dicho —dijo mi padre rico—. Y eso es exactamente lo que la mayoría de la gente hace. Renuncian y se van a buscar otro empleo, una mejor oportunidad y un salario más alto, pensando realmente que el nuevo empleo o el mejor salario va a resolver el problema. En la mayoría de los casos no es así.

—¿Entonces qué resolverá el problema? —pregunté—. ¿Aceptar esos miserables 10 centavos por hora y sonreír?

Mi padre rico sonrió.

—Eso es lo que hacen otras personas. Aceptar la paga a sabiendas de que ellos y sus familias pasarán problemas financieros. Pero eso es todo lo que hacen, esperar a que llegue un aumento pensando que más dinero va a resolver el problema. La mayoría simplemente lo acepta y algunos buscan un segundo empleo y trabajan más duro, pero nuevamente aceptan una paga pequeña.

Me senté contemplando el suelo y comencé a comprender la lección que me daba mi padre rico. Podía sentir el sabor de la vida. Finalmente levanté la vista y repetí la pregunta: "¿Entonces, qué resolverá el problema?"

—Esto —me dijo dándome unos golpecitos suaves en la cabeza—. Lo que tienes entre los oídos.

Fue en ese momento que mi padre rico compartió conmigo el punto de vista fundamental que lo separaba de sus empleados y de mi padre pobre, y que lo condujo eventualmente a convertirse en uno de los hombres más ricos de Hawai, mientras mi padre pobre, con su alta educación, tuvo problemas financieros durante toda su vida. Era un punto de vista singular que hizo la diferencia a lo largo de toda su vida.

Mi padre rico repitió este punto de vista una y otra vez, y yo lo denomino "lección número uno":

"Los pobres y la clase media trabajan para ganar dinero, los ricos hacen que el dinero trabaje para ellos."

Esa radiante mañana sabatina aprendí un punto de vista completamente diferente a lo que me había enseñado mi padre pobre. A la edad de nueve años me di cuenta de que mis dos padres querían que yo aprendiera. Ambos me alentaban a estudiar… pero no a estudiar las mismas cosas.

Mi padre bien educado me recomendó que hiciera lo que él hizo: "Hijo, quiero que estudies duro, obtengas buenas calificaciones para que puedas encontrar un trabajo seguro en una compañía grande. Y asegúrate de que tenga excelentes beneficios." Mi padre rico quería que yo aprendiera cómo funciona el dinero para que lo pusiera a trabajar para mí. Yo aprendería esas lecciones a lo largo de la vida con su guía, y no en un salón de clases.

Mi padre rico continuó con mi primera lección: "Estoy contento de que estés enojado por trabajar a cambio de 10 centavos por hora. Si no te hubieras enojado y hubieras aceptado contento, te hubiera dicho que no podría enseñarte. Mira, el verdadero aprendizaje demanda energía, pasión, un deseo ferviente. La ira es una gran parte de esa fórmula, dado que la pasión es ira y amor combinados. En lo que se refiere al dinero, la mayoría de las personas quieren jugar a lo seguro y sentirse seguras. Así que la pasión no las guía. Lo hace el miedo."

—¿Entonces es por eso que aceptan un trabajo con un salario bajo? —le pregunté.

—Sí —dijo mi padre rico—. Algunas personas dicen que yo exploto a la gente porque no les pago tanto como la plantación de azúcar o como el gobierno. Yo digo que la gente se explota a sí misma. Es su miedo, no el mío.

—¿Pero no piensa usted que debería pagarles más? —le pregunté.

—No tengo por qué hacerlo. Y además, ganar más dinero no resolvería su problema. Considera el caso de tu padre. Él gana mucho dinero y aún así no puede pagar sus cuentas. La mayoría de la gente, cuando gana más dinero, sólo se endeuda más.

—Así que por eso es que me paga 10 centavos por hora —le dije sonriente—. Es parte de la lección.

—Así es —sonrió mi padre rico—. Mira, tu papá fue a la escuela y obtuvo una excelente educación con el fin de conseguir un salario bien pagado. Y lo hizo. Sin embargo, todavía tiene problemas de dinero porque nunca aprendió nada sobre el dinero en la escuela. Además de eso, él cree que trabaja por dinero.

—¿Y usted no lo hace? —pregunté.

—No, en realidad no —dijo mi padre rico—. Si quieres aprender a trabajar para ganar dinero, entonces permanece en la escuela. Ése es un magnífico lugar para aprender a hacer eso. Pero si quieres aprender cómo hacer que el dinero trabaje para ti, entonces yo te enseñaré a hacerlo. Pero sólo si quieres aprender.

—¿No quisieran todos aprender eso? —le pregunté.

—No —dijo mi padre rico—. Simplemente es más fácil aprender a trabajar por dinero, especialmente si el miedo es la emoción primaria cuando se discute el tema del dinero.

—No comprendo —dije frunciendo el ceño.

—No te preocupes por eso ahora. Sólo considera que es el miedo lo que hace que la mayoría de la gente trabaje en un empleo. El miedo a no poder pagar sus cuentas. El miedo a ser despedidos. El miedo a no tener suficiente dinero. El miedo a comenzar de nuevo. Ese es el precio de estudiar para aprender una profesión u oficio, y luego trabajar por dinero. La mayoría de la gente se convierte en esclavo del dinero, y luego se enojan con su jefe.

—¿Aprender a hacer que el dinero trabaje para uno es un curso de estudio completamente diferente? —pregunté.

—Absolutamente —respondió mi padre rico —. Absolutamente.

Nos sentamos en silencio en aquella hermosa mañana sabatina en Hawai. Mis amigos deberían haber comenzado su juego de la Liga Infantil. Sin embargo, por alguna razón, yo estaba agradecido de haber decidido trabajar por 10 centavos la hora. Sentí que estaba a punto de aprender algo que mis amigos no aprenderían en la escuela.

—¿Listo para aprender? —preguntó mi padre rico.

—Absolutamente —dije con una sonrisa.

—He mantenido mi promesa. Te he estado enseñando desde la distancia —dijo mi padre rico—. A los nueve años has probado el sabor de lo que significa trabajar por dinero. Simplemente multiplica tu último mes por 50 años y tendrás una idea de lo que la mayoría de la gente hace toda su vida.

—No comprendo —dije.

—¿Cómo te sentiste cuando esperabas tu turno para verme? Una vez para ser contratado y una vez para pedir más dinero?

—Horrible —le dije.

—Si escoges trabajar por dinero, eso es la vida para la mayoría de la gente —dijo mi padre rico—. ¿Y qué sentiste cuando la señora Martin depositó tres monedas de 10 centavos en tus manos por el trabajo de tres horas.

—Sentí que no era suficiente. Parecía como si no fuera nada. Estaba desilusionado —le dije.

—Y esa es la manera en que la mayoría de los empleados se sienten cuando miran sus cheques. Especialmente luego de pagar impuestos y otras deducciones. Al menos tú obtuviste el 100 por ciento.

—¿Quiere usted decir que la mayoría de los trabajadores no reciben su paga completa? —le pregunté asombrado.

—¡Por el amor de Dios, no! —dijo mi padre rico—. El gobierno siempre toma su parte primero.

—¿Cómo lo hacen? —le pregunté.

—Impuestos —dijo mi padre rico—. Te gravan un impuesto cuando ganas dinero. Te gravan un impuesto cuando gastas el dinero. Te gravan un impuesto cuando ahorras el dinero. Te gravan un impuesto cuando mueres.

—¿Por qué permite la gente que el gobierno les haga eso?

—Los ricos no lo permiten —dijo mi padre rico con una sonrisa—. Los pobres y la clase media lo hacen. Puedo apostarte que yo gano más que tu papá, pero que él paga más en impuestos.

—¿Cómo es posible? —le pregunté. A los nueve años de edad eso no tenía sentido para mí—. ¿Por qué permitiría nadie que el gobierno le hiciera eso?

Mi padre rico se sentó en silencio. Creo que quería que yo escuchara en vez de que farfullara entre dientes.

Finalmente me calmé. No me gustaba lo que estaba escuchando. Sabía que mi padre se quejaba constantemente sobre lo mucho que pagaba en impuestos, pero no hacía nada al respecto. ¿Lo estaba empujando la vida de un lado a otro?

Mi padre rico se balanceó suave y silenciosamente en su asiento, mirándome simplemente.

—¿Listo para aprender? —preguntó.

Asentí con la cabeza lentamente.

—Como dije, hay mucho que aprender. El aprendizaje sobre la manera de hacer que el dinero trabaje para ti es una materia de estudio para toda la vida. La mayoría de la gente asiste a la universidad durante cuatro años y su educación termina. Yo sé de antemano que mi estudio del dinero continuará a lo largo de mi vida, simplemente porque mientras más descubro, más me doy cuenta de que necesito saber. La mayor parte de las personas nunca estudian ese tema. Van al trabajo, obtienen sus cheques, hacen su balance personal y hasta ahí. Además de lo anterior, se preguntan por qué tienen problemas de dinero. A continuación piensan que con más dinero resolverían el problema. Pocos se dan cuenta de que es su falta de educación financiera lo que constituye el problema.

—¿De manera que mi papá tiene problemas de impuestos porque no comprende el dinero? —le pregunté confundido.

—Mira —dijo mi padre rico—. Los impuestos son sólo una pequeña sección del aprendizaje sobre la manera de hacer que el dinero trabaje para ti. Hoy yo sólo quería saber si todavía tienes la pasión para aprender sobre el dinero. La mayoría de la gente no la tiene. Van a la escuela, aprenden una profesión, se divierten en su trabajo y ganan mucho dinero. Un día se despiertan con grandes problemas de dinero y a partir de entonces no pueden dejar de trabajar. Ese es el precio de sólo saber cómo trabajar por el dinero en vez de estudiar cómo hacer que el dinero trabaje para uno. ¿Así que todavía tienes la pasión por aprender? —me preguntó mi padre rico.

Asentí.

—Bien —dijo mi padre rico—. Ahora vuelve al trabajo. Esta vez no te pagaré nada.

—¿Qué? —le pregunté asombrado.

—Me escuchaste. Nada. Trabajarás las mismas tres horas cada sábado, pero esta vez no te pagaré 10 centavos por hora. Dijiste que querías aprender a no trabajar por dinero, así que no voy a pagarte nada.

Yo no podía creer lo que estaba escuchando.

—Ya he tenido esta conversación con Mike. Él ya está trabajando, desempolvando y colocando latas sin cobrar. Es mejor que te apresures y regreses al trabajo.

—Eso no es justo —le grité—. Usted debe pagarme algo.

—Dijiste que querías aprender. Si no aprendes esto ahora, crecerás para parecerte a las dos mujeres y al hombre más viejo que estaban sentados en mi estancia, trabajando por dinero y con la esperanza de que no los despida. O como tu padre, ganando mucho dinero sólo para terminar endeudado hasta las orejas, con la esperanza de que más dinero resolverá el problema. Si eso es lo que deseas, volveré a nuestro trato original de 10 centavos por hora. O bien puedes hacer lo que la mayoría de la gente hace. Quejarse de que no reciben suficiente pago, renunciar y buscar otro empleo.

—¿Pero qué hago? —pregunté.

Mi padre rico me dio un suave golpecito en la cabeza: "Usa esto", dijo, "si lo utilizas correctamente, pronto me agradecerás por darte una oportunidad, y te convertirás en un hombre rico."

Me quedé allí, aún sin creer qué trato tan simple había estado manejando. Yo había acudido a pedir un aumento y ahora me decía que siguiera trabajando sin pago.

Mi padre rico me dio otro golpecito en la cabeza y repitió: "Usa esto. Y ahora vete de aquí y regresa al trabajo."

LECCIÓN 1
Los ricos no trabajan por dinero

No le dije a mi padre pobre que no me estaban pagando. No hubiera comprendido, y no quería tratar de explicar algo que yo mismo no comprendía.

Durante tres semanas más Mike y yo trabajamos durante tres horas cada sábado, a cambio de nada. El trabajo no me molestaba y la rutina se hizo más sencilla. Fue perderme el juego de béisbol y no poder pagar unos cuantos ejemplares de tiras cómicas lo que me colmó la paciencia.

Mi padre rico se paró por la tienda al mediodía de la tercera semana. Escuchamos la entrada de su camioneta en el estacionamiento y el ruido del motor cuando la apagó. Entró a la tienda y saludó a la señora Martin con un abrazo. Luego de averiguar cómo marchaban las cosas en la tienda, se inclinó sobre el congelador de helado, sacó dos paletas y nos hizo una señal a Mike y a mí.

—Vamos a caminar, niños.

Cruzamos la calle, esquivamos algunos automóviles y caminamos a través de un campo cubierto de césped donde unos cuantos adultos jugaban *softball*. Al sentarnos en una mesa de *picnic* alejada, nos ofreció a Mike y a mí los helados.

—¿Cómo les va?

—Muy bien —dijo Mike.

Yo asentí con la cabeza.

—¿Han aprendido algo ya? —preguntó mi padre rico.

Mike y yo nos miramos, nos encogimos de hombros y agitamos la cabeza al mismo tiempo.

Evitar una de las trampas más grandes de la vida

—Bien, es mejor que ustedes comiencen a pensar, niños. Están contemplando una de las lecciones más importantes de la vida. Si aprenden la lección disfrutarán de una vida plena de libertad y seguridad. Si no aprenden la lección, terminarán como la señora Martin y la mayoría de las personas que juegan al *softball* en este parque. Ellos trabajan muy duro a cambio de poco dinero, se aferran a la ilusión de la seguridad en el empleo, esperan con ilusión sus tres semanas de vacaciones cada año y una miserable pensión tras 45 años de trabajo. Si eso les entusiasma, les daré un aumento a 25 centavos por hora.

—Pero ésas son personas buenas y trabajadoras. ¿Se está usted burlando de ellas?— le pregunté.

Una sonrisa apareció en el rostro del padre rico.

—La señora Martin es como una madre para mí. Yo nunca sería tan cruel. Es posible que suene cruel porque estoy haciendo mi mejor esfuerzo para señalarles algo a ustedes dos. Quiero expandir sus puntos de vista, de manera que puedan ver una cosa. Se trata de algo que la mayoría de las personas nunca tienen la ventaja de ver, debido a que su visión es demasiado estrecha. La mayoría de las personas no perciben la trampa en que se encuentran.

Mike y yo nos sentamos sin estar seguros de su mensaje. Sonaba cruel y, sin embargo, podíamos sentir que trataba desesperadamente que aprendiéramos algo.

Sonriente, mi padre rico dijo: "¿No suenan bien 25 centavos por hora? ¿No hace que su corazón lata más rápidamente?"

Lo negué, pero en realidad sí lo hacía: 25 centavos por hora era mucho dinero para mí.

—Muy bien, les pagaré un dólar por hora —dijo mi padre rico, con gesto burlón.

Ahora mi corazón estaba comenzando a latir aceleradamente. Mi cerebro decía: "Tómalo, tómalo." No podía creer lo que estaba escuchando. Sin embargo, no dije nada.

—Muy bien, dos dólares por hora.

Mi pequeño cerebro y mi corazón de niño de nueve años de edad casi explotaron. Después de todo corría el año de 1956, y recibir dos dólares por hora me haría el niño más rico del mundo. No podía imaginar ganar tanto dinero. Quería decir "sí". Quería cerrar el trato. Podía ver una bicicleta nueva, un guante de béisbol nuevo y la adoración de mis amigos cuando les enseñara el efectivo. Además de eso, Jimmy y sus amigos ricos no podrían llamarme pobre nunca más. Sin embargo me las arreglé para que mi boca permaneciera callada.

Es posible que mi cerebro se haya sobrecalentado y en él haya reventado un fusible. En lo profundo de mi ser realmente deseaba esos dos dólares por hora.

El helado se había derretido y me corría por la mano. La paleta se había terminado, y bajo el palillo había una mezcla pegajosa de vainilla y chocolate que las hormigas estaban disfrutando. Mi padre rico miraba a los dos niños que lo observaban con los ojos bien abiertos y los cerebros vacíos. Él sabía que nos estaba poniendo a prueba, sabía que había una parte de nuestras emociones que querían aceptar la propuesta. Sabía que el alma de cada ser humano tiene un punto débil, lleno de necesidades, que puede ser comprado. Y sabía que el alma de cada ser humano también tenía una parte fuerte y decidida que nunca podría ser comprada. Era sólo cuestión de saber cuál era más poderosa. Había puesto a prueba miles de almas a lo largo de su vida. Él ponía a prueba las almas cada vez que entrevistaba a alguien para un empleo.

—Muy bien, cinco dólares por hora.

Repentinamente se produjo un silencio en mi interior. Algo había cambiado. La oferta era demasiado grande y se había vuelto ridícula. No había muchos adultos que ganaran más de cinco dólares por hora en 1956. La tentación desapareció y se produjo la calma. Lentamente volteé a mirar a la izquierda para ver a Mike. Él me miró. La parte débil y necesitada de mi alma estaba en silencio. La que no tenía precio se apoderó de mí. Se produjo una calma y una certeza sobre el dinero en mi cerebro y en mi alma. Yo sabía que Mike también había alcanzado ese punto.

—Bien —dijo suavemente mi padre rico—. La mayoría de las personas tienen un precio. Y tienen un precio debido a las emociones humanas llamadas miedo y codicia. En primer lugar, el miedo a quedarnos sin dinero nos motiva a trabajar duro y una vez que recibimos nuestro cheque, la codicia y el deseo nos hace pensar en todas las cosas maravillosas que el dinero puede comprar. De esa manera se establece un patrón.

—¿Qué patrón? —pregunté.

—El patrón de levantarse, ir a trabajar, pagar las cuentas, levantarse, ir a trabajar, pagar las cuentas... sus vidas son guiadas para siempre por dos emociones, el miedo y la codicia. Si les ofrecen más dinero, ellos continúan el ciclo e incrementan sus gastos. A eso le llamo "la carrera de la rata".

—¿Hay otra manera? —preguntó Mike.

—Sí —dijo suavemente mi padre rico—. Pero sólo unas cuantas personas la encuentran.

—¿Y cuál es esa manera? —preguntó Mike.

—Eso es lo que espero que ustedes descubran mientras trabajan y estudian conmigo. Ésa es la razón por la que eliminé toda forma de pago.

—¿Alguna pista? —preguntó Mike—. Estamos cansados de trabajar duro, especialmente a cambio de nada.

—Bien, el primer paso consiste en decir la verdad —dijo mi padre rico.

—No hemos estado mintiendo —señalé.

—Yo no dije que ustedes estuvieran mintiendo. Sólo afirmé que hay que decir la verdad —reviró mi padre rico.

—¿La verdad acerca de qué? —le pregunté.

—Sobre cómo se sienten —dijo mi padre rico—. No tienen que decírselo a nadie más. Sólo a ustedes mismos.

—¿Quiere decir que la gente que está en este parque, la gente que trabaja para usted, la señora Martin, no lo hacen? —le pregunté.

—Lo dudo —dijo mi padre rico—. En vez de eso, sienten miedo de no tener dinero. En lugar de enfrentar el miedo, reaccionan sin pensar. Reaccionan emocionalmente en vez de utilizar sus mentes —dijo mi padre rico, dando un golpecito suave en nuestras cabezas—. Luego tienen unos cuantos dólares en las manos y nuevamente las emociones de alegría, deseo y codicia se apoderan de ellos, y otra vez reaccionan en lugar de pensar.

—Así que sus emociones constituyen sus pensamientos —dijo Mike.

—Correcto —dijo mi padre rico—. En vez de decir la verdad sobre cómo se sienten, reaccionan a su sentimiento y no piensan. Sienten el miedo, van a trabajar con la esperanza de que el dinero eliminará el miedo, pero no es así. Ese miedo los tortura y vuelven a ir a trabajar con la esperanza de que el dinero calmará sus miedos, y nuevamente no lo hace. El miedo los tiene en esta trampa de trabajar, ganar dinero, trabajar, ganar dinero, esperando a que el miedo desaparezca. Sin embargo, cada mañana al levantarse, ese viejo miedo se despierta con ellos. Para millones de personas, ese miedo los mantiene despiertos durante toda la noche y les provoca una velada de inquietud y preocupación. De manera que se levantan y van a trabajar, con la esperanza de que el cheque de su salario eliminará el miedo que corroe su alma. El dinero dirige sus vidas y ellos se niegan a decir la verdad: el dinero controla sus emociones, y por lo tanto, sus almas.

Mi padre rico se sentó en silencio y dejó que asimiláramos sus palabras. Mike y yo escuchamos lo que nos dijo, pero no comprendimos totalmente en realidad a qué se refería. Yo sólo sabía que a menudo me había preguntado por qué los adultos se apuraban tanto para ir a trabajar. No parecía ser muy divertido y nunca parecían estar contentos, pero algo los mantenía apresurados.

Una vez que se dio cuenta de que habíamos entendido tanto como era posible, mi padre rico dijo: "Yo quiero que ustedes eviten esa trampa, chicos. Eso es en realidad lo que quiero enseñarles. No sólo a ser ricos, porque ser rico no resuelve el problema."

—¿No lo hace? —pregunté sorprendido.

—No, no lo hace. Déjenme terminar con la otra emoción, que es el deseo. Algunos le llaman codicia, pero yo prefiero llamarle deseo. Es perfectamente normal desear algo mejor, más bonito, más divertido o emocionante. De manera que la gente también trabaja por dinero debido al deseo. Ellos desean tener dinero por la alegría que creen que pueden comprar. Sin embargo, la alegría que el dinero proporciona a menudo dura poco y pronto necesitan más dinero para obtener más alegría, más placer, más comodidad, más seguridad. Por eso siguen trabajando y creen que el dinero aliviará sus almas que están atormentadas por el miedo y el deseo. Pero el dinero no puede hacer eso.

—¿Incluso la gente rica? —preguntó Mike.

—Incluso la gente rica —dijo mi padre rico—. De hecho, la razón por la que muchas personas ricas son ricas no es debido al deseo sino al miedo. Ellos realmente creen que el dinero puede eliminar ese miedo de no tener dinero, de ser pobre, por lo que amasan grandes fortunas, sólo para darse cuenta de que el miedo empeora. Ahora tienen miedo de perderlo todo. Tengo amigos que siguen trabajando a pesar de que tienen mucho dinero. Conozco gente que tiene millones y que tiene más miedo ahora que cuando eran pobres. Están aterrados de perder todo su dinero. El miedo que los llevó a ser ricos empeoró. Esa parte débil y llena de carencias del alma está gritando a voz en cuello en realidad. Ellos no desean perder sus grandes mansiones, los automóviles, el alto nivel de vida que el dinero les ha proporcionado. Les preocupa lo que dirán sus amigos si pierden todo su dinero. Muchos de ellos están desesperados desde el punto de vista emocional y son neuróticos, a pesar de que parecen ricos y tienen dinero.

—¿Entonces es más feliz un hombre pobre? —le pregunté.

—No, no lo creo —respondió mi padre rico—. Evitar el dinero es un acto tan psicótico como ser atraído por el dinero.

Como si lo hubieran llamado, el limosnero del pueblo pasó al lado de nuestra mesa, se detuvo junto al bote de basura y revolvió su interior. Los tres le miramos con interés, a pesar de que antes sólo lo hubiéramos ignorado.

Mi padre rico sacó un dólar de su cartera y le hizo un gesto al viejo. Al ver el dinero, el pordiosero se acercó inmediatamente, tomó el billete, agradeció profusamente a mi padre rico y se alejó extasiado con su nueva fortuna.

—Él no es muy diferente a la mayoría de mis empleados —dijo mi padre rico—. He conocido a muchas personas que dicen "oh, a mí no me interesa el dinero". Sin embargo, trabajan en sus empleos durante ocho horas diarias. Ésa es una negación de la verdad. Si no les interesara el dinero, ¿entonces por qué están trabajando? Esa forma de pensar es probablemente más psicótica que la de una persona que acumula el dinero.

Mientras estaba sentado allí, escuchando a mi padre rico, mi mente recordó las incontables ocasiones en que mi propio padre había dicho: "A mí no me interesa el dinero." Él decía eso frecuentemente. También se cubría diciendo siempre: "Yo trabajo porque amo mi empleo."

—¿Entonces qué hacemos? —pregunté—. ¿No trabajar por dinero hasta que haya desaparecido todo vestigio de miedo y codicia?

—No, eso sería una pérdida de tiempo —dijo mi padre rico—. Las emociones son lo que nos hace humanos, lo que nos hace seres reales. La palabra "emoción" equivale a energía en movimiento. Sé fiel acerca de tus emociones, y utiliza tu mente y emociones en tu favor, no en contra tuya.

—¡Guau! —exclamó Mike.

—No te preocupes por lo que digo. Mis palabras tendrán más sentido conforme pasen los años. Tan sólo debes observar tus emociones, en vez de reaccionar ante ellas. La mayoría de la gente no sabe que son sus emociones las que impulsan sus pensamientos. Tus emociones son tus emociones, pero tú debes aprender a formar un pensamiento propio.

—¿Puede usted darme un ejemplo? —le pedí.

—Desde luego —respondió mi padre rico—. Cuando una persona afirma "necesito encontrar un empleo", lo más probable es que sea una emoción lo que crea la idea. El miedo a no tener dinero genera esa idea.

—Sin embargo, la gente necesita dinero si tienen cuentas por pagar —le dije.

—Claro que sí —dijo sonriente mi padre rico—. Lo que yo digo es que es el miedo lo que a menudo genera el pensamiento.

—No comprendo —dijo Mike.

—Por ejemplo —dijo mi padre rico—. Si surge el miedo a no tener suficiente dinero, en vez de salir inmediatamente a buscar un empleo para ganar unos dólares con los cuales eliminar el miedo, podrían formularse la siguiente pregunta: "¿Será un empleo la mejor solución a este miedo a largo plazo?" En mi opinión, la respuesta es "no". Especialmente cuando consideras la duración de la vida de una persona. Un empleo constituye una solución de corto plazo para un problema a largo plazo.

—Pero mi papá siempre dice: "Quédate en la escuela, obtén buenas calificaciones, para que puedas encontrar un empleo seguro", le dije, un tanto confundido.

—Sí, comprendo que diga eso —dijo mi padre rico mientras sonreía—. La mayoría de las personas recomiendan lo mismo y es una buena idea para muchas de ellas. Pero la gente hace esa recomendación principalmente debido al miedo.

—¿Quiere usted decir que mi padre dice eso porque tiene miedo?

—Sí —dijo mi padre rico—. Está aterrado de que no podrá ganar dinero y no tendrá un lugar en la sociedad. No me malinterpretes. Él te ama y desea lo mejor para ti. Y creo que su miedo está justificado. Es importante tener una educación y un empleo. Pero eso no controlará el miedo. Mira, el mismo miedo que le hace levantarse por la mañana para ganar unos cuantos dólares es el miedo que le hace ser tan fanático de que asistas a la escuela.

—¿Entonces qué recomienda usted? —le pregunté.

—Quiero enseñarte a dominar el poder del dinero. No a tenerle miedo. Y eso no lo enseñan en la escuela. Si no lo aprendes, te conviertes en un esclavo del dinero.

Finalmente comencé a comprender. Él quería que ampliáramos nuestra visión. Que fuéramos capaces de ver lo que la señora Martin no podía ver, lo que sus empleados no podían ver, ni siquiera mi padre. Utilizó ejemplos que entonces sonaron crueles, pero yo nunca los he olvidado. Mi visión se expandió ese día, y pude comenzar a ver la trampa que espera a la mayoría de las personas.

—Mira, todos somos empleados en última instancia. Simplemente trabajamos en niveles diferentes —dijo mi padre rico—. Yo sólo deseo que ustedes tengan la oportunidad de evitar la trampa. La trampa es causada por esas dos emociones: miedo y codicia. Utilícenlas en su favor, no en su contra. Eso es lo que quiero enseñarles. No estoy interesado en enseñarles cómo hacer una montaña de dinero. Eso no controlará ni el miedo ni el deseo. Si no logras controlar el miedo y el deseo, y te vuelves rico, serás solamente un esclavo bien pagado.

—¿Entonces cómo evitamos la trampa? —le pregunté.

—La principal causa de la pobreza o de las dificultades financieras es el miedo y la ignorancia, no la economía o el gobierno de los ricos. Es un miedo e ignorancia auto-infligidos lo que mantiene atrapada a la gente. Así que ustedes vayan a la escuela y obtengan sus títulos universitarios. Yo les enseñaré cómo mantenerse fuera de la trampa.

Las piezas del rompecabezas estaban apareciendo. Mi padre bien educado recibió una gran instrucción e hizo una gran carrera. Pero la escuela no le enseñó cómo manejar el dinero o sus miedos. Me quedó claro que yo podía aprender cosas diferentes e importantes de mis dos padres.

—Has estado hablando acerca del miedo a no tener dinero. ¿Pero cómo afecta nuestro pensamiento el deseo de tener dinero? —preguntó Mike.

—¿Cómo se sintieron cuando los tenté con un aumento de sueldo? ¿Notaron cómo crecía su deseo?

Lo aceptamos.

—Al no ceder ante sus emociones, fueron capaces de retrasar sus reacciones y pensar. Eso es lo más importante. Siempre tendremos emociones de miedo y codicia. A partir de ahora, es muy importante que ustedes utilicen sus emociones para su ventaja y para el largo plazo, y no simplemente dejar que sus emociones los controlen al controlar su pensamiento. La mayoría de las personas utilizan el miedo y la codicia en contra de sí mismas. Ése es el principio de la ignorancia. La mayor parte de las personas pasan sus vidas persiguiendo el cheque del salario, el aumento de sueldo y la seguridad en el empleo debido a sus emociones de deseo y miedo, sin realmente cuestionarse a dónde los conducen sus pensamientos controlados por las emociones. Es como la imagen de un burro que jala una carreta, con su dueño balanceando una zanahoria frente a su nariz. El propietario del burro puede ir adonde quiere ir, pero el burro está persiguiendo una ilusión. Mañana sólo habrá otra zanahoria para el burro.

—¿Quieres decir que cuando comencé a imaginar un nuevo guante de béisbol, dulces y juguetes, eso era como la zanahoria para el burro? —preguntó Mike.

—Sí. Y conforme te haces más viejo, tus juguetes se vuelven más caros. Un nuevo coche, un yate y una gran casa para impresionar a tus amigos —dijo mi padre rico con una sonrisa—. El miedo te hace salir por la puerta y el deseo te llama. Te seduce para que te acerques a las rocas. Ésa es la trampa.

—¿Entonces cuál es la respuesta? —preguntó Mike.

—Lo que intensifica el miedo y el deseo es la ignorancia. Ésa es la razón por la que las personas con mucho dinero a menudo tienen más miedo conforme se hacen más ricas. El dinero es la zanahoria, la ilusión. Si el burro pudiera ver la totalidad de la imagen, posiblemente volvería a pensar la opción de perseguir la zanahoria.

Mi padre rico explicó a continuación que la vida humana es una lucha entre la ignorancia y la iluminación.

Explicó que una vez que una persona deja de buscar información y conocimiento de sí mismo, la ignorancia se apodera de ella. Esa lucha es una decisión momento a momento: aprender para abrir o cerrar la propia mente.

—Mira, la escuela es muy, muy importante. Vas a la escuela a aprender una habilidad o profesión y de esa manera convertirte en un miembro que aporte algo a la sociedad. Cada cultura necesita maestros, doctores, artistas, cocineros, hombres de negocios, oficiales de policía, bomberos, soldados. Las escuelas los capacitan con el fin de que nuestra cultura crezca y florezca —dijo mi padre rico—. Desafortunadamente, para muchas personas la escuela es el fin, no el principio.

Se produjo un largo silencio. Mi padre rico estaba sonriendo. Yo no comprendí todo lo que dijo ese día. Pero como la mayoría de los grandes maestros, cuyas palabras continúan enseñándonos durante años, a menudo mucho después de que se han ido, sus palabras todavía me acompañan el día de hoy.

—He sido un poco cruel el día de hoy —dijo mi padre rico—. Cruel por una razón. Yo quiero que ustedes recuerden siempre esta conversación. Quiero que siempre piensen en la señora Martin. Quiero que siempre piensen en el burro. Nunca olviden; debido a que sus dos emociones, el miedo y el deseo, pueden conducirlos a la trampa más grande de la vida, si no están conscientes de que dichas emociones pueden controlar su pensamiento. Pasar tu vida con miedo, sin explorar tus sueños, es cruel. Trabajar duro para ganar dinero y pensar que el dinero te permitirá comprar cosas que te harán feliz también es cruel. Despertar a la mitad de la noche, aterrado por las cuentas por pagar, es una forma horrible de vivir. Vivir una vida definida en función de la cantidad que aparece en tu cheque de sueldo no es realmente vivir. Pensar que un empleo te hará sentir seguro es mentirte a tí mismo. Eso es cruel, y ésa es la trampa que tú debes evitar, de ser posible. Yo he visto la manera en que el dinero gobierna la vida de las personas. No dejes que eso te ocurra. Por favor, no dejes que el dinero gobierne tu vida.

Una pelota rodó debajo de nuestra mesa. Mi padre rico la levantó y la arrojó a los jugadores.

—¿Y qué tiene que ver la ignorancia con la codicia y el miedo? —pregunté.

—La ignorancia sobre el dinero es lo que causa tanta codicia y miedo — dijo mi padre rico—. Déjame poner algunos ejemplos. Un doctor que desea ganar más dinero para mantener mejor a su familia, eleva sus honorarios. Al elevar sus honorarios, hace que el cuidado de la salud sea más caro para todos. Ahora bien, eso causa más daño a la gente pobre, por lo que los pobres tienen peor salud que aquellos que tienen dinero. Dado que los doctores elevan sus honorarios, los abogados incrementan los suyos. Como los abogados incrementan sus honorarios, los maestros de escuela quieren un aumento, lo que incrementa nuestros impuestos, etcétera. Pronto se producirá una brecha tan terrible entre los ricos y los pobres que el caos se desatará y otra gran civilización se derrumbará. Las grandes civilizaciones se han derrumbado cuando la brecha entre los poderosos y los débiles era demasiado grande. Estados Unidos está en ese mismo camino, demostrando una vez más que la historia se repite porque no aprendemos de ella. Sólo memorizamos fechas y nombres históricos, pero no aprendemos la lección.

—¿No se supone que los precios deben subir? —pregunté.

—No en una sociedad educada con un gobierno bien dirigido. Los precios deberían bajar en realidad. Desde luego, eso sólo es verdadero en la teoría. Los precios suben debido a la codicia y el miedo causados por la ignorancia. Si las escuelas le enseñaran a la gente sobre el dinero, habría más dinero y precios más bajos, pero las escuelas se enfocan solamente en enseñar a la gente a trabajar por el dinero, y no la manera de controlar el poder del dinero.

—¿Pero no tenemos buenas escuelas de negocios? —preguntó Mike—. ¿No me has alentado a que vaya a la escuela de negocios para obtener una maestría?

—Sí —dijo mi padre rico—. Pero con frecuencia las escuelas de negocios capacitan a los empleados para que se conviertan en sofisticados contadores de habichuelas. ¡Dios impida que un contador de habichuelas se apodere de un negocio! Todo lo que hacen es mirar los números, despedir empleados y acabar con el negocio. Yo lo sé porque contrato contadores de habichuelas. En todo lo que piensan es en recortar los costos y elevar los precios, lo que ocasiona más problemas. Es importante contar las habichuelas. Me gustaría que más personas lo supieran, pero tampoco constituye la imagen completa —agregó enfadado mi padre rico.

—¿Entonces existe una respuesta? —preguntó Mike.

—Sí —dijo mi padre rico—. Aprende a utilizar tus emociones para pensar, no pienses con tus emociones. Cuando los muchachos dominan sus emociones, primero al aceptar trabajar gratis, me doy cuenta de que hay esperanza. Cuando resistieron sus emociones al tentarles con más dinero, nuevamente estaban aprendiendo a pensar a pesar de la carga emocional. Ése es el primer paso.

—¿Por qué es tan importante ese primer paso? —pregunté.

—Bien, eso te corresponde averiguarlo a ti. Si desean aprender los llevaré al terreno espinoso. Se trata del lugar que casi todos los demás evitan. Yo los llevaré al lugar que la mayoría de la gente tiene miedo de visitar. Si vienen conmigo, abandonarán la idea de trabajar por dinero y aprenderán a hacer que el dinero trabaje para ustedes.

—¿Y qué obtendremos a cambio si vamos con usted? ¿Qué si aceptamos aprender de usted? ¿Qué obtendremos? —le pregunté.

—Lo mismo que Briar Rabbit* —, dijo mi padre—. Liberarse del Tar Baby.

—¿Existe un terreno espinoso? —pregunté.

—Sí —dijo mi padre rico—. El terreno espinoso es nuestro miedo y nuestra codicia. Vencer al miedo y enfrentar nuestra codicia, nuestras debilidades, nuestras necesidades, es la manera de salir de él. Y el camino es por medio de la mente, al escoger nuestros pensamientos.

—¿Escoger nuestros pensamientos? —preguntó Mike, intrigado.

—Sí. Escoger lo que pensamos en vez de reaccionar a nuestras emociones. En vez de simplemente levantarte e ir a trabajar para resolver tus problemas, sólo porque el miedo a no tener dinero para pagar tus cuentas te asusta. Pensar consiste en tomar el tiempo necesario para formularte una pregunta como: "¿Trabajar más duro constituye la mejor solución a este problema?" La mayoría de las personas están tan aterradas por no decirse a sí mismas la verdad

---

* *Brian Rabbit y Tar Baby,* es un cuento tradicional afroamericano de un conejo (Brian Rabbit) a quien le tienden una trampa con un muñeco cubierto de alquitrán (N. del T.)

—que el miedo las controla—, no pueden pensar, y en vez de ello salen por la puerta. Tar Baby está al mando. A eso es a lo que me refiero cuando digo que escojan sus pensamientos.

—¿Y cómo hacemos eso? —preguntó Mike.

—Eso es lo que les enseñaré a hacer. Les enseñaré a tener una gama de ideas para escoger, en vez de reaccionar automáticamente y beber de prisa el café cada mañana para salir corriendo por la puerta. Recuerden lo que dije antes: un empleo es sólo una solución de corto plazo a un problema de largo plazo. La mayoría de las personas sólo tienen un problema en mente, y es de corto plazo. Se trata de las cuentas al final del mes, el Tar Baby. El dinero dirige sus vidas. O debo decir que el miedo y la ignorancia sobre el dinero. De manera que hacen lo que hicieron sus padres, levantarse cada día e ir a trabajar por dinero. Como no tienen tiempo para decir: "¿existe otra manera?", sus emociones controlan sus pensamientos, en vez de que sea su mente la que lo haga.

—¿Puedes decirme la diferencia entre pensar con las emociones y pensar con la mente? —preguntó Mike.

—Oh, sí. La escucho todo el tiempo —dijo mi padre rico—. Escucho cosas como "bien, todos tenemos que trabajar" o "los ricos son ladrones". U "obtendré otro empleo. Merezco un aumento. No puede usted hacer lo que quiera conmigo". O "me gusta este trabajo porque es seguro". En vez de "¿Me he perdido de algo aquí?", que rompe con el pensamiento guiado por las emociones y te da tiempo para pensar con claridad.

Debo admitir que se trataba de una gran lección. Saber cuándo una persona está hablando guiado por sus emociones o por un pensamiento claro. Esa fue una lección que me ha sido útil toda mi vida. Especialmente cuando era yo quien hablaba como reacción y no debido a un pensamiento claro.

Conforme regresábamos a la tienda, mi padre rico nos explicó que los ricos realmente "hacían dinero" y no trabajaban para ganarlo. Nos explicó que cuando Mike y yo estábamos forjando monedas de cinco centavos de plomo, pensando que estábamos haciendo dinero, estábamos muy cerca de pensar como piensan los ricos. El problema es que eso era ilegal. Acuñar moneda es legal cuando lo hace el gobierno o lo hacen los bancos, pero no nosotros. Nos explicó que hay formas legales e ilegales de hacer dinero.

Mi padre rico explicó a continuación que los ricos saben que el dinero es una ilusión, verdaderamente como la zanahoria para el burro. Es sólo debido al miedo y la codicia que la ilusión del dinero es mantenida por miles de millones de personas que piensan que el dinero es real. El dinero es realmente una invención. Es sólo debido a la ilusión de confianza y a la ignorancia de las masas que el castillo de naipes se mantiene en pie. —De hecho —dijo—, en muchos sentidos la zanahoria del burro es más valiosa que el dinero.

Habló acerca del patrón oro en que Estados Unidos se encontraba, y del hecho de que cada billete de dólar era en realidad un certificado de plata. Lo que le preocupaba era el rumor de que algún día abandonaríamos el patrón oro y que nuestros dólares no serían ya certificados de plata.

Cuando eso ocurra, chicos, el caos se desatará. Los pobres, la clase media y los ignorantes tendrán sus vidas arruinadas simplemente porque continuarán creyendo que el dinero es real y que la compañía para la que trabajan o el gobierno, cuidará de ellos.

En realidad no comprendimos lo que dijo ese día, pero con el paso de los años comenzó a cobrar sentido.

Ver lo que otros no ven

Conforme se subió a su camioneta, afuera de su pequeña tienda de conveniencia, dijo:

—Sigan trabajando, niños, pero mientras más pronto se olviden de que necesitan de un sueldo, más fácil será su vida como adultos. Sigan utilizando su cerebro, trabajen gratis y pronto su mente les mostrará maneras de hacer mucho más dinero del que yo podría pagarles jamás. Verán cosas que otras personas no ven. Las oportunidades están frente a sus narices. La mayoría de las personas nunca ven esas oportunidades porque están buscando dinero y seguridad y eso es todo lo que obtienen. Al momento en que vean una oportunidad, las verán por el resto de sus vidas. El momento en que hagan eso, les enseñaré algo más. Apréndanlo y evitarán una de las trampas más grandes de la vida. Nunca jamás tocarán ese Tar Baby.

Mike y yo recogimos nuestras cosas en la tienda y nos despedimos de la señora Martin. Regresamos al parque, a la misma banca, y pasamos varias horas pensando y hablando.

Pasamos la siguiente semana en la escuela, pensando y hablando. Durante las siguientes dos semanas seguimos pensando y hablando y trabajando gratis.

Al final del segundo sábado me despedía nuevamente de la señora Martin y me ocupaba de ver el aparador de los libros de tiras cómicas. Lo más duro de no tener siquiera los 30 centavos cada sábado era que no tenía dinero para comprar las tiras cómicas. Repentinamente, cuando la señora Martin estaba diciéndonos adiós a Mike y a mí, noté que hacía algo que nunca antes la había visto hacer. Quiero decir, la había visto hacerlo, pero nunca había prestado atención.

La señora Martin estaba cortando la portada de un número de tiras cómicas a la mitad. Conservaba la mitad superior de la cubierta del libro de tiras cómicas y arrojaba el resto del libro a una gran caja de cartón. Cuando le pregunté qué hacía con las tiras cómicas, me dijo: "las tiro a la basura. Le doy la mitad superior de la cubierta al distribuidor, como crédito por nuevos ejemplares. Él estará aquí en una hora".

Mike y yo esperamos allí durante una hora. Pronto llegó el distribuidor y le pregunté si podíamos quedarnos con los números de tiras cómicas. A lo que él respondió: "Pueden quedarse con ellos si trabajan para esta tienda y no los revenden."

Nuestra sociedad fue resucitada. La mamá de Mike tenía un cuarto disponible en el sótano, que nadie utilizaba. Lo limpiamos y comenzamos a apilar cientos de tiras cómicas en ese cuarto. Pronto nuestra biblioteca de tiras cómicas estaba abierta al público. Contratamos a la hermana menor de Mike, a quien le encantaba estudiar, para que fuera nuestra bibliotecaria. Ella le cobraba 10 centavos a cada niño por la admisión a la biblioteca, que estaba abierta de 2:30 a 4:30 todos los días después de la escuela. Los clientes, los niños del vecindario, podían leer tantas tiras cómicas como pudieran en dos horas. Era una ganga para ellos, dado que cada tira cómica les costaba 10 centavos y ellos podían leer cinco o seis en dos horas.

La hermana de Mike revisaba a los niños al salir para asegurarse de que no estaban tomando prestados los números de tiras cómicas. También llevaba la contabilidad, anotando cuántos niños acudían diariamente, quiénes eran y qué comentarios tenían. Mike y yo promediamos 9.50 dólares por semana durante un periodo de tres meses. Le pagamos un dólar a la semana a su hermana y le permitíamos leer las tiras cómicas gratis, lo que rara vez hacía porque siempre estaba estudiando.

Mike y yo mantuvimos nuestro acuerdo de trabajar en la tienda todos los sábados y recolectar todas las tiras cómicas de diferentes tiendas. Mantuvimos nuestro acuerdo con el distribuidor de no vender las tiras cómicas. Las quemamos una vez que estaban muy estropeadas. Tratamos de abrir otra sucursal, pero nunca encontramos alguien tan dedicado como la hermana de Mike en quien pudiéramos confiar.

A edad temprana, descubrimos lo difícil que es conseguir buenos empleados.

Tres meses después de que abrimos la primera biblioteca, se desató una pelea en el cuarto. Algunos camorristas de otro vecindario entraron a la fuerza y comenzaron el pleito. El papá de Mike sugirió que cerráramos el negocio. De manera que cerramos nuestro negocio de tiras cómicas y dejamos de trabajar los sábados en el pequeño supermercado. De cualquier manera, mi padre rico estaba emocionado porque tenía nuevas cosas que quería enseñarnos. Habíamos aprendido a hacer que el dinero trabajara para nosotros. Al no recibir pago por nuestro trabajo en la tienda, nos vimos obligados a usar nuestra imaginación para identificar una oportunidad para hacer dinero. Al comenzar nuestro propio negocio, la biblioteca de tiras cómicas, estábamos en control de nuestras finanzas, sin depender de un empleador. La mejor parte era que nuestro negocio generaba dinero para nosotros, incluso sin que nosotros estuviéramos físicamente allí. Nuestro dinero trabajaba para nosotros.

En vez de pagarnos con dinero, mi padre rico nos había dado mucho más.

¿Por qué enseñar especialización financiera?

En 1990, mi mejor amigo, Mike, se hizo cargo del imperio de su padre y está haciendo un mejor trabajo que él. Nos vemos una o dos veces al año para jugar al golf. Él y su esposa son más ricos de lo que usted pueda imaginarse. El imperio de mi padre rico está en buenas manos y Mike está preparando a su hijo para que tome su lugar, como su padre nos preparó a nosotros.

En 1994 yo me retiré a la edad de 47 años y mi esposa Kim se retiró a los 37. El retiro no significa dejar de trabajar. Para mi esposa y para mí significa que, a no ser por cambios catastróficos imprevistos, podemos trabajar o no trabajar, y nuestra riqueza crece automáticamente, manteniéndose por encima de la inflación. Creo que significa libertad. Los activos son suficientemente grandes para crecer por sí mismos. Es como plantar un árbol. Lo riega usted durante varios años y un día ya no lo requiere más. Sus raíces han penetrado a una profundidad suficiente. A partir de entonces el árbol proporciona sombra para su disfrute.

Mike escogió dirigir el imperio y yo escogí retirarme.

Siempre que hablo con grupos de personas, a menudo me preguntan qué recomiendo o qué pueden hacer. "¿Cómo comienzan?" "¿Existe algún buen libro que yo pueda recomendar?" "¿Qué deben hacer para preparar a sus hijos?" "¿Cuál es el secreto del éxito?" "¿Cómo gané mis millones?" Siempre me hacen recordar un artículo que recibí una vez y que sigue a continuación.

El hombre de negocios más rico

En 1923 un grupo de nuestros líderes más grandes y hombres de negocios más ricos sostuvieron una reunión en el hotel Edgewater Beach, en Chicago. Entre ellos estaba Charles Schwab, director de la compañía acerera independiente más grande del país; Samuel Insull, presidente de la compañía de servicios urbanos más grande del mundo; Howard Hopson, director de la compañía gasera más grande; Ivar Kreuger, presidente de International Match Co., una de las compañías más importantes de la época; Leon Fraser, presidente del Bank of International Settlements; Richard Whitney, presidente de la Bolsa de Valores de Nueva York; Arthur Cotton y Jesse Livermoore, dos de los especuladores bursátiles más importantes; y Albert Fall, un miembro del gabinete del presidente Harding. Veinticinco años después, nueve de ellos (los listados anteriormente) acabaron como sigue. Schwab murió sin tener un centavo después de haber vivido durante cinco años de dinero prestado. Insull murió quebrado, viviendo en el extranjero. Kreuger y Cotton también murieron en bancarrota. Hopson se volvió loco. Whitney y Albert Fall acababan de salir de prisión. Fraser y Livermore se suicidaron.

Dudo que alguien pueda decir qué ocurrió realmente a estos hombres. Si consideras la fecha, 1923, fue antes de que se derrumbara el mercado en 1929 y de que comenzara la Gran Depresión, lo que supongo que tuvo un gran impacto en esos hombres y sus vidas. Lo importante es esto: actualmente vivimos en tiempos de cambios más grandes y rápidos de los que esos hombres experimentaron. Sospecho que habrá muchos periodos a la alza y a la baja en los próximos 25 años, que serán similares a los altibajos que estos hombres enfrentaron. Me preocupa que demasiadas personas se enfoquen demasiado en el dinero y no en su riqueza más importante, que es su educación. Si las personas están preparadas para ser flexibles, mantienen la mente abierta y aprenden, se enriquecerán más y más con los cambios. Si piensan que el dinero resolverá sus problemas, temo que esas personas tendrán problemas en el futuro. La inteligencia resuelve los problemas y produce dinero. El dinero sin inteligencia financiera se pierde rápidamente.

La mayoría de las personas no se dan cuenta de que lo importante en la vida no es cuánto dinero ganas, sino cuánto dinero conservas. Todos hemos escuchado historias sobre personas pobres que se ganan la lotería, se vuelven ricos de repente y luego vuelven a ser pobres. Esas personas ganan millones y pronto vuelven al punto donde empezaron. O bien historias sobre atletas profesionales que, a la edad de 24 años, están ganando millones de dólares al año, y que duermen debajo de un puente cuando tienen 34. Esta mañana en el diario, mientras escribo esto, se publica la historia de un joven jugador de baloncesto que hace un año tenía millones. Hoy en día señala que sus amigos, su abogado y su contador se quedaron con el dinero y ahora trabaja lavando automóviles a cambio del salario mínimo.

Él tiene sólo 29 años de edad. Fue despedido del servicio de lavado de autos porque se rehusó a quitarse el anillo de campeonato mientras limpiaba los automóviles, de manera que la historia se publicó en el diario. Él apela su despido, alega que se trata de una injusticia y de discriminación, y que el anillo es todo lo que le queda. Señala que si se lo quitan se derrumbará.

En 1997 supe de muchas personas que se convirtieron en millonarios de manera instantánea. Se trata de los alegres años veinte otra vez. Y aunque me da gusto que las personas se enriquezcan cada vez más, debo advertirles que a largo plazo no importa cuánto gane usted, sino cuánto conserve, y durante cuántas generaciones.

De manera que cuando la gente pregunta: "¿Donde comienzo?" o "Dígame cómo volverme rico rápidamente", a menudo se sienten muy desilusionados con mi respuesta. Simplemente les digo lo que mi padre rico me respondió cuando era un niño pequeño: "Si quieres ser rico, necesitas saber de finanzas."

Si va usted a construir el edificio Empire State, lo primero que necesita hacer es cavar un agujero muy profundo y colar cimientos fuertes. Si va usted a construir una casa en los suburbios, todo lo que necesita es colar una losa de concreto de seis pulgadas de espesor. La mayoría de la gente, en su camino a la riqueza, trata de construir un Empire State sobre una losa de concreto de seis pulgadas.

Nuestro sistema escolar, que fue creado en la era agraria, todavía cree en casas sin cimientos. Todavía se usan los pisos de tierra. De manera que los chicos se gradúan de la escuela prácticamente sin cimientos financieros. Un día, con insomnio y cubiertos de deudas en los suburbios, viviendo el Sueño Americano, deciden que la respuesta a sus problemas financieros consiste en encontrar la manera de hacerse ricos rápidamente.

Comienza la construcción del rascacielos. Se eleva rápidamente y pronto, en vez del Empire State, tenemos la Torre Inclinada de los Suburbios. Las noches en vela regresan.

En lo que se refiere a Mike y a mí durante nuestra edad adulta, ambas elecciones fueron posibles porque nos enseñaron a cimentar una base financiera fuerte cuando éramos tan solo unos niños.

Ahora bien, la contabilidad es posiblemente la materia más aburrida del mundo. También puede ser una de las más desconcertantes. Pero si quieres ser rico a largo plazo, puede ser la materia más importante. La pregunta es: "¿Cómo toma usted una materia aburrida y desconcertante y se la enseña a los niños?" La respuesta consiste en hacerla más sencilla. Enséñela al principio por medio de imágenes.

Mi padre rico cimentó una base financiera sólida para Mike y para mí. Desde que éramos niños creó una manera sencilla de enseñarnos. Durante años sólo dibujó ilustraciones y usó palabras. Mike y yo comprendimos los dibujos sencillos, la jerga, el movimiento del dinero, y más tarde, mi padre rico comenzó a añadir números. Actualmente Mike ha avanzado hasta dominar análisis contables más complejos y sofisticados debido a que ha tenido que hacerlo. Él tiene un imperio de varios miles de millones de dólares que dirigir. Yo no soy tan sofisticado porque mi imperio es más pequeño, y sin embargo, procedemos de los mismos cimientos. En las siguientes páginas le ofrezco los mismos dibujos sencillos que el padre de Mike creó para nosotros. Aunque son sencillos, esos dibujos le ayudaron a guiar a dos niños pequeños a construir grandes cantidades de riqueza sobre cimientos sólidos y profundos.

Regla número uno: Usted debe saber la diferencia entre un activo y un pasivo, y debe adquirir activos. Si desea ser rico, eso es todo lo que necesita saber. Se trata de la regla número uno. Es la única regla verdadera. Esto puede sonar sencillo hasta el absurdo, pero la mayoría de las personas no tienen idea de cuán profunda es esta regla. La mayoría tiene problemas financieros porque no conoce la diferencia entre un activo y un pasivo.

—Los ricos adquieren activos. Los pobres y la clase media adquiere pasivos, pero ellos creen que son activos.

Cuando mi padre rico nos explicó esto a Mike y a mí, pensamos que estaba bromeando. Éramos casi adolescentes en espera del secreto para volvernos ricos, y ésa era su respuesta. Era tan sencilla que tuvimos que detenernos durante mucho tiempo para pensar en ella.

—¿Qué es un activo? —preguntó Mike.

—No te preocupes por eso en este momento —respondió mi padre rico—. Sólo asimila la idea. Si puedes comprender la sencillez, tu vida tendrá un plan y será sencilla desde el punto de vista financiero. Es sencilla, y por eso la idea es pasada por alto.

—¿Quieres decir que todo lo que necesitamos saber es qué es un activo, adquirirlo y nos volveremos ricos? —pregunté.

Mi padre rico asintió con la cabeza: "Así es de sencillo."

—Si es así de sencillo... ¿por qué no es rico todo el mundo? —pregunté.

Mi padre rico sonrió: "Porque la gente no sabe la diferencia entre un activo y un pasivo."

Recuerdo haberle preguntado: "¿Cómo pueden ser tan tontos los adultos? Si es tan sencillo, si es tan importante, ¿por qué no querría saberlo todo mundo?"

Mi padre rico se tardó sólo unos cuantos minutos en explicar qué son los activos y qué son los pasivos.

Como adulto, yo tengo dificultades para explicárselo a otros adultos. ¿Por qué? Porque los adultos son más listos. En la mayoría de los casos, la sencillez de la idea escapa a la mayoría de los adultos porque han sido educados de manera diferente. Han sido educados por otros profesionistas educados, como banqueros, contadores, agentes inmobiliarios, planificadores de finanzas, etcétera. La dificultad proviene de pedir a los adultos que *desaprendan*, o que se conviertan en niños nuevamente. Un adulto inteligente a menudo siente que prestar atención a definiciones simples es rebajarse.

Mi padre rico creía en el principio que él llamaba KISS (Keep It Simple Stupid), "Manténlo sencillo, estúpido", de manera que lo expresó con sencillez para dos niños pequeños y eso le permitió crear los sólidos cimientos financieros.

¿Qué es lo que provoca la confusión? ¿O cómo es posible que algo tan simple pueda ser malentendido? ¿Por qué compraría alguien un activo que es en realidad un pasivo? La respuesta se encuentra en la educación básica.

Nos enfocamos en la palabra "educación" y no en "educación financiera". Lo que define algo como activo o como pasivo no son las palabras. De hecho, si desea usted terminar verdaderamente confundido, busque las palabras "activo" y "pasivo" en el diccionario. Sé que la definición puede sonar bien para un contador capacitado, pero para la persona promedio no tiene sentido. Sin embargo, nosotros los adultos a menudo somos demasiado orgullosos como para admitir que algo carece de sentido.

Cuando éramos niños, mi padre rico dijo: "Lo que define a un activo no son las palabras sino los números. Si no puedes leer los números, no puedes distinguir un pasivo de un agujero en el suelo."

—En contabilidad —solía decir mi padre rico— lo que importa no son los números, sino lo que los números te dicen. Es como las palabras. Lo importante no son las palabras, sino la historia que las palabras te cuentan.

Muchas personas leen, pero no comprenden mucho. A eso se le llama lectura de comprensión. Y todos tenemos diferentes capacidades en lo que se refiere a la lectura de comprensión. Por ejemplo, recientemente compré un nuevo reproductor de videos. Venía con un instructivo que explicaba la manera de programar el reproductor de videos. Todo lo que yo quería hacer era grabar mi programa de televisión favorito el viernes por la noche. Casi me volví loco al tratar de leer el manual. Nada en el mundo es más complejo para mí que aprender a programar mi reproductor de videos. Podía leer las palabras, pero no comprendía nada. Yo obtendría un "10" en reconocimiento de las palabras, pero un "5" en comprensión. Y de la misma forma ocurre con los estados financieros para la mayoría de la gente.

"Si deseas volverte rico, debes leer y comprender los números." Si escuché eso una vez, lo escuché miles de veces en labios de mi padre rico. Y también escuché: "El rico adquiere activos y los pobres y la clase media adquieren pasivos."

He aquí cómo distinguir la diferencia entre un activo y un pasivo. Muchos contadores y profesionales de finanzas no están de acuerdo con las definiciones, pero estos dibujos sencillos fueron el principio de los sólidos cimientos financieros para dos niños pequeños.

Para enseñar a los niños, mi padre rico trató de mantener las cosas sencillas, utilizando tantas ilustraciones como le fue posible, tan pocas palabras como pudo, y ningún número durante años.

Éste es el patrón de flujo
de efectivo de un activo

El cuadro superior es una Declaración de Ingreso, también llamado Estado de Pérdidas y Ganancias. Mide los ingresos y los gastos. El dinero que entra y el dinero que sale. El diagrama inferior es la Hoja de Balance. Se le llama así porque se supone que debe equilibrar los activos contra los pasivos. Muchos novatos en las finanzas no conocen la relación entre la Declaración de Ingreso y la Hoja de Balance. Es vital comprender esa relación.

La causa principal por la que las personas tienen problemas financieros consiste sencillamente en que no conocen la diferencia entre un activo y un pasivo. La causa de la confusión se encuentra en la definición de ambas palabras. Si deseas obtener una lección en lo que se refiere a la confusión, simplemente busca las palabras "activo" y "pasivo" en el diccionario.

Ahora bien, eso puede tener sentido para los contadores capacitados, pero para la persona común es como si estuviera escrito en chino mandarín. Puede usted leer las palabras en la definición, pero la comprensión es difícil.

Como dije anteriormente, mi padre rico simplemente les dijo a los dos niños que "los activos ponen dinero en tu bolsillo". Fácil, sencillo y utilizable.

*Éste es el patrón de flujo
de efectivo de un pasivo*

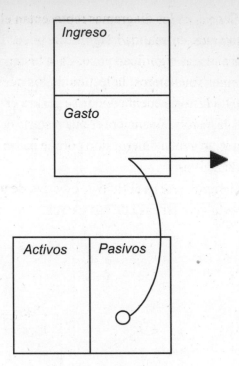

Ahora que los activos y pasivos han sido definidos mediante ilustraciones, puede ser más sencillo comprender las definiciones formuladas mediante palabras.

Un activo es algo que pone dinero en mi bolsillo.

Un pasivo es algo que extrae dinero de mi bolsillo.

Ésto es en realidad todo lo que necesita usted saber. Si desea ser rico, simplemente pase su vida construyendo activos. Si desea ser pobre o miembro de la clase media, pase su vida construyendo pasivos. No saber la diferencia es lo que ocasiona los problemas financieros en el mundo real.

La falta de educación, tanto en lo que se refiere a palabras como a números, es el cimiento de los problemas financieros. Si las personas tienen dificultades financieras, existe algo que no pueden leer, ya sea en números o palabras. Algo no han comprendido. Los ricos son ricos porque están mejor educados en diferentes áreas que las personas que tienen problemas financieros. De manera que si usted desea ser rico y conservar su riqueza, es importante contar con una educación financiera, tanto en palabras como en números.

Las flechas en los diagramas representan el flujo de efectivo. Los números por sí mismos en realidad significan poco. De la misma forma en que las palabras aisladas significan poco. Es la historia lo que cuenta. En el ámbito de los informes financieros, la lectura de los números es similar a la trama de la historia. La historia cuenta dónde se genera el efectivo. En 80 por ciento de las familias, la historia financiera es una historia de trabajo duro para salir adelante. No porque no ganen dinero, sino porque pasan sus vidas construyendo pasivos en vez de activos.

Por ejemplo, este es el flujo de efectivo de una persona pobre, o de un joven que todavía vive en casa de sus padres:

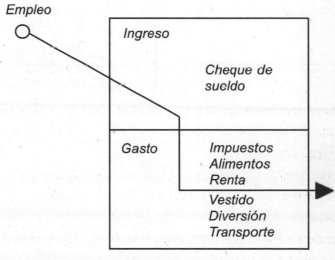

Éste es el patrón de flujo de efectivo de una persona perteneciente a la clase media:

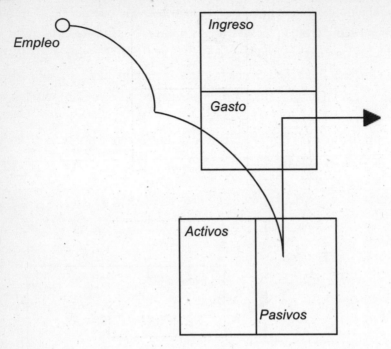

Empleo

Ingreso

Gasto

Activos

Pasivos

Empleo

Ingreso

Cheque de sueldo

Gasto

Impuestos
Hipoteca
Gastos fijos
Alimentos
Vestido
Diversión

Activos

Pasivos

Hipoteca
Préstamos al consumo
Tarjetas de crédito.

Éste es el patrón de flujo de efectivo de una persona rica:

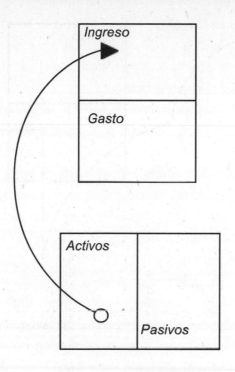

Obviamente, todos estos diagramas han sido simplificados al extremo. Todos tenemos gastos vitales, la necesidad de alimentos, vivienda y vestido.

Los diagramas muestran el flujo de efectivo a lo largo de la vida de personas pobres, de clase media y ricas. Es el flujo de efectivo lo que cuenta la historia. Es la historia de cómo una persona maneja su dinero, qué hace después de que tiene el dinero en la mano.

La razón por la que comencé con la historia de los hombres más ricos de Estados Unidos es para ilustrar la falla en la manera de pensar de mucha gente. El error es que el dinero resuelve todos los problemas. Esa es la razón por la que me siento incómodo cuando escucho que la gente me pregunta cómo volverse rica rápidamente. O dónde deben comenzar. A menudo escucho la frase: "Estoy endeudado, así que necesito ganar más dinero."

Sin embargo, más dinero a menudo no resolverá el problema; de hecho, puede en realidad hacerlo más grave. El dinero hace evidentes nuestras fallas humanas. El dinero arroja luz en aquello que no conocemos. Esa es la razón por la que, a menudo, una persona que recibe repentinamente una gran cantidad de dinero —digamos por una herencia, un aumento de sueldo o porque gana la lotería— pronto vuelve al mismo desorden financiero, si no es que a un desorden todavía peor al que tenía antes de recibir el dinero. El dinero sólo acentúa el patrón de flujo de efectivo que está en su mente. Si su patrón consiste en gastar todo lo que gana, lo más probable es que el incremento en efectivo tendrá como resultado un incremento en el gasto. Por eso el dicho: "Un tonto con dinero es una gran fiesta."

He señalado muchas veces que asistimos a la escuela para obtener habilidades académicas y profesionales, y que ambas son importantes. Aprendemos a ganar dinero con nuestras habilidades profesionales. En los años sesenta, cuando yo estaba en la preparatoria, si alguien tenía buenos resultados académicos, la gente consideraba casi inmediatamente que ese estudiante brillante sería un médico. Casi nadie le preguntaba al chico si quería ser médico. Se daba por sentado. Era la profesión que ofrecía las recompensas financieras más grandes.

Hoy en día los médicos enfrentan desafíos financieros que yo no le desearía a mi peor enemigo: las compañías de seguros están asumiendo el control del negocio, los servicios de salud están siendo administrados, el gobierno interviene, se presentan demandas por negligencia médica, para nombrar algunos retos. Actualmente los chicos quieren ser jugadores de baloncesto, golfistas como Tiger Woods, genios de la computación, estrellas de cine, estrellas de rock, reinas de belleza o corredores de Wall Street, simplemente porque es allí donde hay fama, dinero y prestigio. Esa es la razón por la que es tan difícil motivar a los chicos en la escuela actualmente. Ellos saben que el éxito profesional ya no se vincula únicamente al éxito académico, como alguna vez sucedió.

Debido a que los estudiantes dejan la escuela sin contar con las habilidades financieras, millones de personas educadas practican su profesión exitosamente, pero más tarde se encuentran en problemas financieros. Esas personas trabajan muy duro, pero no salen adelante. Lo que hace falta en su educación no es cómo hacer dinero, sino cómo gastarlo; es decir, qué hacer después de ganarlo. A eso se le llama aptitud financiera: qué hacer con el dinero una vez que usted lo ha ganado, cómo evitar que los demás se lo quiten, cuánto tiempo conservarlo, y qué tan duro trabaja ese dinero para usted. La mayoría de las personas no pueden decirle por qué tienen problemas financieros porque no comprenden el flujo de efectivo. Una persona puede tener una gran educación, ser exitoso desde el punto de vista profesional, pero carecer de educación financiera. Esas personas a menudo trabajan más duro de lo que necesitan porque aprendieron cómo trabajar duro, pero no aprendieron la manera de hacer que el dinero trabaje para ellos.

La historia de cómo el perseguir el sueño financiero se convierte en una pesadilla financiera

La imagen en movimiento de las personas que trabajan duro tiene un patrón. Una pareja recién casada, feliz y bien educada, comienza su vida en común en uno de los dos estrechos apartamentos que alquilaban. Inmediatamente se dan cuenta de que están ahorrando dinero porque dos personas pueden vivir con tan poco como una.

El problema es que el apartamento es estrecho. Deciden ahorrar dinero para comprar la casa de sus sueños con el fin de tener hijos. Ahora tienen dos ingresos y comienzan a centrarse en sus carreras.

Los ingresos comienzan a incrementarse.

Conforme sus ingresos suben...

Sus gastos también suben.

El gasto número uno para la mayoría de la gente consiste en los impuestos. Muchas personas piensan que es el impuesto sobre la renta, pero para la mayoría de los estadounidenses el impuesto más alto es el Seguro Social. Como emplea-do, pareciera como si el impuesto al Seguro Social combinado con el impuesto para servicios de salud (Medicare) fuera de aproximadamente 7.5 por ciento, pero en realidad es de 15 por ciento debido a que el patrón debe aportar la misma cantidad al Seguro Social. Se trata esencialmente de dinero que el empleador no puede pagarle a usted. Además, usted aún debe pagar impuesto sobre la renta por las cantidades deducidas de sus salarios para el impuesto al Seguro Social, ingreso que usted nunca recibió porque se fue directamente al Seguro Social por medio de la retención.

Entonces esos pasivos se incrementan:

Esto queda demostrado de mejor manera si volvemos a la pareja joven. Como resultado del incremento de sus ingresos, deciden salir y comprar la casa de sus sueños. Una vez en su casa, tienen un nuevo impuesto denomi-nado "impuesto a la propiedad" o "impuesto predial". A continuación ad-quieren un nuevo automóvil, nuevos muebles y nuevos aparatos para acon-dicionar su nueva casa. De repente despiertan y descubren que la columna de pasivos está colmada con la deuda de la hipoteca y las tarjetas de crédito.

Ahora están atrapados en la "carrera de la rata". Tienen un hijo. Trabajan más duro. El proceso se repite. Más dinero e impuestos más altos, porque suben de categoría impositiva. Les llega una tarjeta de crédito por correo. La utilizan. La saturan. La compañía acreedora les llama y les dice que su mayor "activo" es su casa, cuyo valor se ha apreciado. La compañía ofrece un préstamo de "consolidación de deuda", porque su crédito es muy bueno y les dice que la cosa más inteligente que pueden hacer es deshacerse de la deuda al consumo con tasa de interés alta al pagar su tarjeta de crédito. Además, el interés sobre su casa es deducible de impuestos. La pareja acepta y liquida la deuda de sus tarjetas de crédito. Respiran con alivio. Sus tarjetas de crédito están pagadas. Ahora tienen su crédito al consumo añadido a su hipoteca. Sus pagos disminuyen porque han extendido la deuda por 30 años. Es lo más inteligente que pueden hacer.

El vecino los llama para invitarlos a ir de compras; se trata del remate por el Día de los Veteranos. Es una oportunidad para ahorrar algo de dinero. Se dicen: "No compraremos nada, sólo iremos a ver." Pero sólo en caso de que encuentren algo, llevan su tarjeta de crédito en la cartera.

Yo me encuentro con parejas jóvenes como ésta todo el tiempo. Sus nombres cambian, pero su dilema financiero es el mismo. Asisten a una de mis pláticas para escuchar lo que tengo que decir. Me preguntan: "¿Puede usted decirnos cómo ganar más dinero?" Sus hábitos de gasto les han llevado a buscar mayores ingresos.

Ni siquiera saben que el problema realmente consiste en la manera que eligen para gastar el dinero que tienen y ésa es la verdadera causa de sus problemas financieros. Son causados por su falta de educación financiera y por no comprender la diferencia entre un activo y un pasivo.

Ganar más dinero rara vez resuelve los problemas de dinero de una persona. La inteligencia los resuelve. Hay un dicho que repite un amigo mío una y otra vez a personas endeudadas.

"Si descubres que estás en el hoyo... deja de cavar."

Cuando era niño, mi padre a menudo nos decía que los japoneses conocían tres poderes: "El poder de la espada, de la joya y del espejo."

La espada simboliza el poder de las armas. Estados Unidos ha gastado billones de dólares en armas y, debido a eso, cuenta con el poderío militar más grande del mundo.

La joya representa el poder del dinero. Existe algo de verdad en el dicho: "Recuerda la regla de oro: quien tiene el oro hace las reglas."

El espejo simboliza el poder del conocimiento de uno mismo. Ese conocimiento de uno mismo, de acuerdo con la leyenda japonesa, es el más valioso de los tres.

Los pobres y la clase media a menudo permiten que el poder del dinero los controle. Simplemente al levantarse y trabajar más duro, dejan de preguntarse si lo que hacen tiene sentido, y el tiro les sale por la culata cada mañana. Al no comprender cabalmente el dinero, la gran mayoría de la gente permite que el impresionante poder del dinero los controle. El poder del dinero es utilizado en su contra.

Si usaran el poder del espejo, se habrían preguntado a sí mismos: "¿Tiene esto sentido?" A menudo, en vez de confiar en su sabiduría interna, ese genio en su interior, la mayoría de las personas sigue a la multitud. Hacen las cosas porque los demás las hacen. Se conforman, en vez de cuestionar. A menudo repiten sin pensar lo que les han dicho, ideas como "diversificar" o "tu casa es un activo", o "tu hogar es tu inversión más importante"; "obtienes un respiro fiscal si incurres en más deuda"; "obtén un empleo seguro"; "no cometas errores"; "no corras riesgos".

Se dice que el miedo a hablar en público es más grande que el miedo de mucha gente a morir. De acuerdo con los psiquiatras, el miedo a hablar en público es causado por el miedo al ostracismo, el miedo a destacar, el miedo a la crítica, el miedo al ridículo, el miedo a ser expulsado. El miedo a ser diferente impide que muchas personas busquen nuevas formas de resolver sus problemas.

Esa es la razón por la que mi padre decía que los japoneses valoraban el poder del espejo como el más importante, porque es sólo cuando los humanos se miran en el espejo que encuentran la verdad. Y la principal razón por la que la mayoría de la gente "juega a lo seguro" es por miedo. Eso se aplica a todo; puede ser deporte, relaciones, carrera, dinero.

Es el mismo miedo, el miedo al ostracismo, lo que ocasiona que la gente se conforme y no ponga en duda opiniones comúnmente aceptadas o tendencias populares. "Tu casa es un activo." "Obtén un préstamo de consolidación y sal de deudas." "Trabaja más duro." "Es una promoción." "Algún día seré vicepresidente." "Ahorra dinero." "Cuando obtenga un aumento voy a construir una casa más grande." "Los fondos mutualistas son seguros." "Las muñecas de Tickle Me Elmo están agotadas, pero tengo una en el almacén que otro cliente no ha venido a recoger todavía."

Muchos problemas financieros importantes son causados por seguir a la multitud y tratar de mantener el paso de los demás. Ocasionalmente, todos necesitamos mirarnos en el espejo y ser sinceros con nuestra sabiduría interior, en vez de obedecer a nuestros miedos.

Para la época en que Mike y yo teníamos 16 años de edad, comenzamos a tener problemas en la escuela. No éramos malos muchachos. Simplemente comenzamos a separarnos de la multitud. Trabajábamos para el padre de Mike después de clases y los fines de semana. Mike y yo a menudo pasábamos horas después del trabajo, sentados a la mesa con su padre mientras sostenía reuniones con banqueros, abogados, contadores, corredores de bolsa, inversionistas, gerentes y empleados. Se trataba de un hombre que había abandonado la escuela a los 13 años y que ahora dirigía, instruía, ordenaba y hacía preguntas a personas educadas. Ellos acudían a su llamado y se sentían incómodos cuando él no los aprobaba.

Él era un hombre que no había seguido a la multitud. Era un hombre que modeló su propia forma de pensar y que detestaba las palabras "tenemos que hacerlo de esta manera porque es la forma en que todos los demás lo hacen." También odiaba las palabras "no puedo". Si querías que hiciera algo, simplemente tenías que decir "no creo que puedas hacerlo".

Mike y yo aprendimos más cuando asistimos a esas reuniones de lo que aprendimos en todos nuestros años de escuela, incluyendo la universidad. El padre de Mike no había recibido educación escolar, pero tenía educación financiera y como resultado de ello era un hombre exitoso. Solía decirnos una y otra vez: "Una persona inteligente contrata personas más inteligentes que ella." De manera que Mike y yo tuvimos el beneficio de pasar horas escuchando a personas inteligentes, y en el proceso, aprendemos de ellas.

Por eso, tanto Mike como yo no podíamos simplemente aceptar el dogma estándar que nuestros maestros predicaban. Y eso causó los problemas. Cada vez que un maestro decía: "Si ustedes no obtienen buenas calificaciones, no les irá bien en el mundo real", Mike y yo levantábamos nuestras cejas. Cuando nos pedían que siguiéramos procedimientos establecidos y no apartarnos de las reglas, nos dimos cuenta de cómo este proceso escolar en realidad desalienta la creatividad. Comenzamos a comprender por qué nuestro padre rico nos dijo que las escuelas habían sido planeadas para producir buenos empleados en vez de buenos empleadores.

Ocasionalmente Mike o yo le preguntábamos a nuestros maestros de qué manera era aplicable lo que estudiábamos o bien, preguntábamos por qué nunca estudiábamos el dinero y la manera en que funciona. A ésta última pregunta a menudo obteníamos la respuesta de que el dinero no era importante, de que si lográbamos la excelencia en nuestra educación, el dinero vendría por sí mismo.

Mientras más conocíamos acerca del poder del dinero, mayor era la distancia que nos separaba de nuestros profesores y compañeros de clase.

Mi padre educado nunca me presionó acerca de las calificaciones. A menudo me preguntaba por qué. Sin embargo, sí comenzamos a discutir sobre dinero. Para la época en que yo tenía 16 años de edad, es probable que tuviera mejores conocimientos sobre el dinero que mi madre o mi padre. Podía llevar libros contables, escuchaba a contadores especializados en impuestos, abogados corporativos, banqueros, corredores de bienes raíces, inversionistas, etcétera. Mi padre hablaba con maestros.

Un día, mi padre me estaba explicando por qué nuestra casa era nuestra inversión más importante. Una discusión no muy placentera tuvo lugar entre nosotros cuando le demostré por qué yo consideraba que una casa no era una buena inversión.

El siguiente diagrama ilustra la diferencia entre la percepción de mi padre rico y la de mi padre pobre en lo que se refiere a sus casas. Uno de mis padres consideraba que su casa era un activo, y el otro pensaba que era un pasivo.

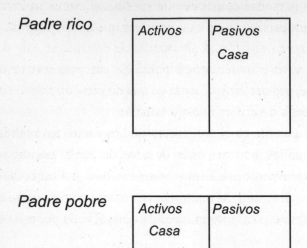

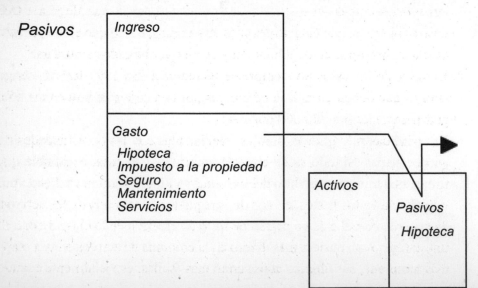

Recuerdo cuando dibujé el siguiente diagrama para mi padre, mostrándole la dirección del flujo de efectivo. También le mostré los gastos accesorios que trae aparejada la propiedad de una vivienda. Una casa más grande implicaba gastos más grandes, y el flujo de efectivo continuaba saliendo por la columna de gastos

Hoy en día todavía me cuesta trabajo aceptar que una casa no es un activo. Y sé que para muchas personas constituye un sueño, así como su inversión más importante. Y ser propietario de su casa es mejor que no ser propietario de nada. Simplemente ofrezco una forma alternativa de considerar este dogma popular. Si mi esposa y yo estuviéramos a punto de comprar una casa más grande e impresionante, nos daríamos cuenta de que no sería un activo sino un pasivo, dado que extraería dinero de nuestro bolsillo.

De manera que el siguiente es el argumento que esgrimo. En realidad no espero que la mayoría de las personas estén de acuerdo con él porque pensar en una linda casa es algo emocional. Y en lo que se refiere al dinero, las emociones fuertes tienden a disminuir la inteligencia financiera. Sé por mi experiencia personal que el dinero tiene la manera de dotar a cada decisión de un cariz emocional.

1. En lo que se refiere a casas, señalo que la mayoría de las personas trabajan durante toda su vida para pagar una casa de la que nunca serán dueños. En otras palabras, la mayoría de las personas compra una casa nueva cada cierto número de años y en cada ocasión contratan un nuevo préstamo a 30 años para pagar la anterior.

2. Aún cuando las personas reciben una deducción de impuestos por el interés de sus pagos hipotecarios, deben pagar todos los demás gastos con los dólares que quedan después de pagar impuestos. Eso ocurre incluso después de liquidar su hipoteca.

3. Impuestos a la propiedad o prediales. Los padres de mi esposa quedaron impactados cuando el impuesto a la propiedad de su casa llegó a 1 000 dólares por mes. Eso ocurrió después de su retiro, por lo que el incremento afectó su presupuesto de jubilación y se vieron obligados a mudarse.

4. El valor de las casas no siempre se incrementa. En 1997 todavía tengo amigos que deben un millón de dólares por una casa que hoy en día sólo podrían vender por 700 000 dólares.

5. Las pérdidas más grandes son las relacionadas con las oportunidades no aprovechadas. Si todo su dinero está amarrado a su casa, es posible que usted deba trabajar más duro debido a que su dinero continúa saliendo por la columna de los gastos, en vez de agregarse a la columna de los activos, de acuerdo con el clásico patrón de flujo de efectivo de la clase media. Si una pareja joven pusiera más dinero en la columna de activos en una etapa más temprana, sus últimos años serían más fáciles, especialmente cuando

se preparan para enviar a sus hijos a la universidad. Sus activos habrían crecido y estarían disponibles para ayudar a cubrir los gastos. Frecuentemente una casa sólo funciona como un vehículo para contraer un préstamo hipotecario o para pagar por los gastos crecientes.

En resumen, el resultado final de tomar la decisión de ser dueño de una casa es demasiado caro en lugar de comenzar desde temprano un portafolio de inversión, en lo que se refiere al efecto sobre el individuo, en al menos las siguientes tres maneras:

1. Pérdida de tiempo, durante el cual otros activos hubieran incrementado su valor.
2. Pérdida de capital adicional, que hubiera podido ser invertido en vez de pagar los gastos de mantenimiento relacionados directamente con la casa.
3. Pérdida de educación. A menudo las personas consideran su casa, sus ahorros y su plan para el retiro como todo lo que tienen en la columna de activos. Dado que no tienen dinero para invertir, simplemente no invierten. Esto tiene un costo en lo referente a su experiencia de inversión. La mayoría nunca se convierte en lo que en el mundo de las inversiones se conoce como un "inversionista sofisticado". Y generalmente, las mejores inversiones se venden primero a los "inversionistas sofisticados", quienes a continuación dan la vuelta y las venden a las personas que están jugando a lo seguro.

No estoy diciendo que usted no debe adquirir una casa. Lo que digo es que es preciso comprender la diferencia entre un activo y un pasivo. Cuando deseo tener una casa más grande, debo primero comprar los activos que generarán el flujo de efectivo para pagar por la casa.

La declaración financiera personal de mi padre educado muestra de mejor manera la vida de una persona que está inmersa en la "carrera de la rata". Sus gastos parecen siempre mantener el paso de sus ingresos y nunca le permiten invertir en activos. Como resultado, sus pasivos —como su hipoteca y sus deudas por tarjeta de crédito— son más grandes que sus activos. La siguiente ilustración vale mil palabras:

Declaración financiera del padre educado

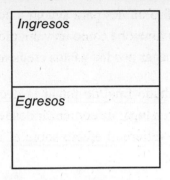

Por su parte, la declaración financiera personal de mi padre rico refleja los resultados de una vida dedicada a invertir y reducir los pasivos:

Declaración financiera del padre rico

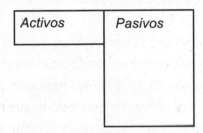

Una revisión de la declaración financiera personal de mi padre rico muestra por qué los ricos se vuelven más ricos. La columna de activos genera más ingreso del necesario para cubrir los gastos, y el sobrante es reinvertido en la columna de activos. La columna de activos continúa creciendo y, por lo tanto, el ingreso que produce crece con él.

El resultado: ¡El rico se vuelve más rico!

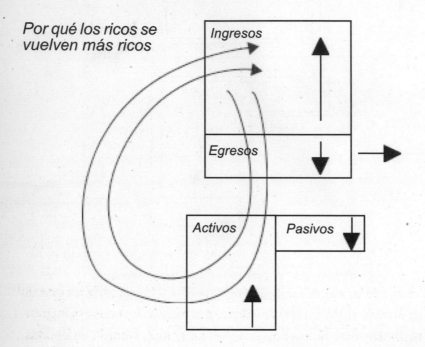

La clase media se encuentra en un estado constante de dificultades financieras. Su ingreso primario es por medio de salarios y conforme se incrementan los salarios, también lo hacen los impuestos. Sus gastos tienden a incrementarse al mismo ritmo que el incremento de sus salarios; de allí la frase "la carrera de la rata". Los miembros de la clase media manejan su hogar como su principal activo, en vez de invertir en activos que produzcan ingreso.

Por qué lucha la
clase media

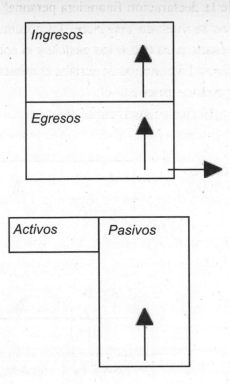

El patrón de considerar su casa como una inversión y la filosofía de que un incremento de sueldo significa que usted puede comprar una casa más grande o gastar más dinero es la base de la sociedad actual, sumida en deudas. Este proceso de gasto cada vez mayor empuja a las familias a contraer deudas más grandes y a padecer mayor incertidumbre financiera, a pesar de que puedan estar progresando en sus empleos y recibiendo incrementos de sueldo de manera regular. Es una vida de alto riesgo causada por una mala educación financiera.

La pérdida masiva de empleos de los años noventa —la reducción en el tamaño de las empresas— ha traído a la luz cuán tambaleante es la clase media desde el punto de vista financiero. Repentinamente, los planes de pensión de las compañías son reemplazados por los planes denominados 401k. La Seguridad Social está evidentemente en problemas y no puede ser considerada como una fuente para el retiro. El pánico se ha apoderado de la clase media. Lo bueno es que actualmente muchas de esas personas han comprendido estos temas y han comenzado a comprar fondos mutualistas. El incremento en la inversión es en gran medida responsable de la enorme corrida que hemos visto en el mercado bursátil. Actualmente existen más y más fondos mutualistas, que son creados para satisfacer la demanda de la clase media.

Los fondos mutualistas son muy populares debido a que representan seguridad. Los compradores promedio de los fondos mutualistas están demasiado ocupados trabajando para pagar impuestos e hipotecas, ahorrar para pagar la universidad de sus hijos y para liquidar sus tarjetas de crédito. No tienen tiempo para estudiar cómo invertir, de manera que confían en los conocimientos del gerente de un fondo mutualista. Además, debido a que el fondo mutualista incluye muchos tipos diferentes de inversión, consideran que su dinero está más seguro porque está "diversificado".

Este grupo de miembros educados de la clase media acepta el dogma de la "diversificación" que es postulado por los corredores de fondos mutualistas y los planificadores financieros. Juega a lo seguro. Evita el riesgo.

La verdadera tragedia es que la carencia de educación financiera previa es lo que crea el riesgo que encaran las personas promedio de la clase media. La razón por la que tienen que jugar a lo seguro es debido a que sus posiciones financieras son débiles, en el mejor de los casos. Sus hojas de balance no están balanceadas. Están cargados de pasivos, sin activos reales que generen ingreso. Generalmente su única fuente de ingresos es su cheque de sueldo. Su subsistencia depende completamente de su empleador.

De manera que cuando se presentan las verdaderas "oportunidades de la vida" en los negocios, estas personas no pueden sacar provecho de la oportunidad. Deben jugar a lo seguro, simplemente porque están trabajando muy duro, sus impuestos están al máximo y están cargados de deudas.

Como dije al inicio de este capítulo, la regla más importante consiste en saber la diferencia entre un activo y un pasivo. Una vez que usted comprende la diferencia, debe concentrar sus esfuerzos en sólo adquirir activos que generen ingresos. Ésa es la mejor manera para comenzar el camino a la riqueza. Siga haciendo eso y su columna de activos continuará creciendo. Enfóquese en mantener bajos los pasivos y los gastos. Esto hará que usted tenga disponible más dinero para continuar agregándolo a la columna de activos. Pronto la base de activos será tan profunda que usted podrá considerar inversiones más especulativas. Inversiones que tienen rendimientos de 100 por ciento al infinito. Inversiones que convierten 5 000 dólares en 1 millón de dólares o más. Inversiones que la clase media considera "demasiado arriesgadas". Invertir no es riesgoso. Es la carencia de inteligencia financiera sencilla, comenzando con la educación financiera, lo que ocasiona que el individuo esté en "demasiado riesgo".

Si usted hace lo que hacen las masas, obtendrá la siguiente imagen:

Ingreso	
Trabajar para el dueño	
Gasto	
Trabajar para el Estado	

Activos	Pasivos
	Trabajar para los bancos

Como empleado que también es propietario de una casa, sus esfuerzos laborales son en general de la siguiente manera:

1. Usted trabaja para alguien más. La mayoría de las personas, al trabajar para obtener un sueldo, están haciendo que el dueño o los accionistas se hagan más ricos. Sus esfuerzos y éxito ayudarán a proporcionar recursos para el éxito y la jubilación del dueño.

2. Usted trabaja para el gobierno. El gobierno retiene parte de su sueldo antes de que usted pueda incluso verlo. Al trabajar más duro, simplemente incrementa la cantidad de impuestos que toma el gobierno; la mayoría de la gente trabaja entre enero y mayo para el gobierno.

3. Usted trabaja para el banco. Después de pagar impuestos, su siguiente gasto más importante es generalmente su hipoteca y la tarjeta de crédito.

El problema de simplemente trabajar más duro es que cada uno de esos tres niveles obtiene una parte más grande de sus esfuerzos. Usted necesita aprender la manera de lograr que sus esfuerzos le beneficien a usted y a su familia de manera directa.

Una vez que haya decidido concentrarse en sus propios negocios, ¿cómo establece sus metas? La mayoría de las personas, deben conservar su profesión y depender de su salario para financiar la adquisición de sus activos.

Conforme sus activos crecen, ¿cómo pueden medir el nivel de su éxito? ¿Cuándo se dan cuenta de que son ricos, de que poseen riqueza? Así como tengo mis propias definiciones de activos y pasivos, tengo mi propia definición de riqueza. De hecho, la tomé prestada de un hombre llamado Buckminster Fuller. Algunos lo consideraban un charlatán y otros lo consideraban un genio. Hace algunos años puso a farfullar a todos los arquitectos debido a que solicitó una patente en 1961 para algo llamado "domo geodésico". Sin embargo, en su solicitud, Fuller también mencionó algo sobre la riqueza. Era muy confuso al principio, pero después de leerla algunas veces comenzó a tener sentido: la riqueza es la capacidad de una persona para sobrevivir cierto número de días en el futuro... o bien, si dejo de trabajar el día de hoy, ¿cuántos días sobreviviré?

A diferencia del valor neto —la diferencia entre sus activos y pasivos, que frecuentemente incluye la basura cara de una persona y las opiniones de lo que valen las cosas— esta definición crea la posibilidad de desarrollar un método verdaderamente preciso de medición. Yo puedo ahora medir y saber en realidad dónde estoy en lo que se refiere a mi meta de lograr la independencia financiera.

A pesar de que el valor neto incluye esos activos que no producen efectivo, como las cosas que usted adquirió y que ha guardado en su cochera, la riqueza mide cuánto dinero está produciendo su dinero y, por lo tanto, su capacidad de sobrevivir financieramente.

La riqueza es la medida del flujo de efectivo en la columna de activos en comparación con la columna de gastos.

Utilicemos un ejemplo. Digamos que tengo un flujo de efectivo de mi columna de activos de 1 000 dólares al mes. Y tengo gastos mensuales de 2 000 dólares. ¿Cuál es mi riqueza?

Volvamos a la definición de Buckminster Fuller: utilizando su definición, ¿cuántos días podría yo sobrevivir? Tomemos un mes de 30 días. De acuerdo con esa definición, tengo suficiente flujo de efectivo para sobrevivir medio mes.

Cuando logre un flujo de efectivo de 2 000 dólares al mes de mis activos, entonces comenzaré a tener riqueza.

De manera que a pesar de no ser rico, tengo riqueza. Ahora tengo un ingreso generado por mis activos cada mes que cubre completamente mis gastos mensuales. Si deseo incrementar mis gastos, debo primero incrementar el flujo de efectivo de mis activos para mantener este nivel de riqueza. Advierta usted que es en este punto que yo no dependo más de mi sueldo. Me he enfocado y he tenido éxito en construir una columna de activos que me ha hecho independiente desde el punto de vista financiero. Si renuncio a mi empleo el día de hoy, sería capaz de cubrir mis gastos mensuales con el flujo de efectivo de mis activos.

Mi siguiente meta sería reinvertir el exceso del flujo de efectivo de mis activos en la columna de activos. Mientras más dinero vaya a esta columna, más crecerá mi columna de activos. Mientras más crezcan mis activos, más crecerá mi flujo de efectivo. Y mientras yo mantenga mis gastos por debajo del flujo de efectivo de esos activos, me haré más rico, con más y más ingreso proveniente de otras fuentes distintas a mi trabajo físico.

Conforme continúa este proceso de reinversión, estoy en camino de convertirme en rico. La definición verdadera de rico depende de quien la formula. Usted nunca puede ser demasiado rico.

Sólo recuerde esta observación sencilla:

Los ricos adquieren activos.

Los pobres sólo tienen gastos.

La clase media construye pasivos que piensa que son activos.

Entonces, ¿cómo puedo comenzar a ocuparme de mis propios negocios? ¿Cuál es la respuesta? Escuche usted al fundador de McDonald's.

Atienda su propio negocio

En 1974 le pidieron a Ray Kroc, el fundador de MacDonald's, que diera una conferencia a la clase de maestría en administración de empresas de la Universidad de Texas, en Austin. Un querido amigo mío, Keith Cunningham, era un estudiante de esa clase de maestría. Después de una conferencia inspirada y sólida, la clase terminó y los estudiantes le preguntaron a Ray si los acompañaría a su lugar favorito para tomar unas cervezas. Ray aceptó encantado.

—¿En qué negocio estoy? —preguntó Ray, una vez que el grupo estaba provisto de cerveza.

—Todos se rieron —dijo Keith—. La mayoría de los estudiantes de la maestría en administración de empresas pensaron que Ray sólo estaba bromeando.

Nadie respondió, por lo que Ray volvió a formular la pregunta: "¿En qué negocio piensan ustedes que estoy?"

Los estudiantes volvieron a reír, y finalmente un valiente gritó: "Ray, ¿quién en este mundo no sabe que tú estás en el negocio de las hamburguesas?"

Ray soltó una carcajada. "Eso es lo que pensé que ustedes dirían", hizo una pausa y agregó inmediatamente: "Damas y caballeros, yo no estoy en el negocio de las hamburguesas. Mi negocio es inmobiliario."

Keith comentó que Ray pasó mucho rato explicando su punto de vista. En su plan de negocios, Ray sabía que el enfoque principal de negocios consistía en vender franquicias de hamburguesas, pero lo que nunca perdió de vista era la ubicación de cada franquicia. Él sabía que la propiedad inmobiliaria y su

ubicación era el factor más importante para el éxito de cada franquicia. Bási-
camente, la persona que compró la franquicia también estaba pagando por la
compra del terreno de la franquicia de la organización de Ray Kroc.

Hoy en día, McDonald's es el propietario de bienes raíces más grande del
mundo y tiene más propiedades incluso que la iglesia católica. Actualmente
McDonald's posee terrenos en algunas de las esquinas más valiosas de las
calles de los Estados Unidos, así como en otras partes del mundo.

Keith dijo que ésa fue una de las lecciones más importantes de su vida.
Actualmente Keith es dueño de servicios de lavado de automóviles, pero su
negocio son los bienes raíces donde se encuentran esos servicios de lavado de
autos.

El capítulo anterior terminó con diagramas que ilustraban que la mayor
parte de la gente trabaja para alguien más y no para sí mismos. Trabajan primero para los dueños de la compañía, a continuación para el gobierno por
medio de los impuestos, finalmente, para el banco que tiene su hipoteca.

Cuando yo era niño no había McDonald's cerca de mi casa. Sin embargo,
mi padre rico fue responsable de enseñarnos a Mike y a mí la misma lección
de la que Ray Kroc habló en la Universidad de Texas. Es el secreto número 3
de los ricos.

El secreto es: "Atiende tu propio negocio." Los problemas financieros son
frecuentemente el resultado directo de que la gente trabaja toda su vida para
alguien más. Muchas personas no tendrán nada al terminar su vida laboral.

Nuevamente, una ilustración vale mil palabras. A continuación muestro el
diagrama de la declaración de ingreso y la hoja de balance que describe mejor
el consejo de Ray Kroc.

Nuestro actual sistema educativo se enfoca en preparar a los jóvenes de hoy para que obtengan buenos trabajos, al desarrollar sus habilidades académicas. Sus vidas girarán en torno a sus salarios, o como describí anteriormente, a la columna de ingresos. Y tras desarrollar las habilidades académicas, avanzarán a grados más altos de la educación para ampliar sus capacidades profesionales. Ellos estudian para convertirse en ingenieros, científicos, cocineros, oficiales de policía, artistas, escritores, etcétera. Esas habilidades profesionales les permitirán ingresar a la fuerza laboral y trabajar para ganar dinero.

Existe una gran diferencia entre su profesión y su negocio. A menudo le pregunto a la gente: "¿Cuál es su negocio?" Y ellos me responden: "Soy un banquero." A continuación les pregunto si son dueños de un banco. Y ellos responden generalmente: "No, trabajo allí."

En ese caso, ellos han confundido su profesión y su negocio. Su profesión puede ser la de banquero, pero aún no son dueños de su negocio. Ray Kroc fue claro en marcar la diferencia entre su profesión y su negocio. Su profesión era siempre la misma. Él era un gran vendedor. En alguna época vendía licuadoras para malteadas y poco después estaba vendiendo franquicias de restaurantes de hamburguesas. Pero mientras su profesión consistía en vender franquicias de restaurantes de hamburguesas, su negocio consistía en la acumulación de bienes inmobiliarios que producían ingresos.

Un problema con la escuela es que a menudo se convierte usted en lo que estudia. Si usted estudia, digamos, cocina, usted se convierte en un cocinero. Si usted estudia leyes, se convierte en un abogado, y si estudia mecánica automotriz, se convierte en mecánico. El error al convertirse en lo que uno estudia es que muchas personas olvidan atender sus propios negocios. Pasan sus vidas atendiendo el negocio de alguien más y haciendo que esa persona se vuelva rica.

Para lograr la seguridad financiera, una persona necesita atender su propio negocio. Su negocio gira en torno a su columna de activos y no a su columna de ingresos. Como lo señalé anteriormente, la regla número uno es conocer la diferencia entre activos y pasivos, y adquirir activos. El rico se enfoca en su columna de activos, mientras todos los demás se enfocan en sus columnas de ingresos.

Esa es la razón por la que escuchamos frecuentemente: "Necesito un aumento." "Si sólo obtuviera un ascenso." "Voy a regresar a la escuela para obtener más capacitación de manera que pueda obtener un mejor trabajo." "Voy a trabajar tiempo extra." "Quizá pueda obtener un segundo empleo." "Voy a renunciar en dos semanas y a encontrar un trabajo que pague más."

En algunos círculos, esas son ideas sensatas. Sin embargo, si escucha usted a Ray Kroc, usted no está atendiendo su propio negocio. Todas esas ideas aún se enfocan en la columna de ingresos y sólo ayudarán a que una persona obtenga mayor seguridad financiera si el dinero adicional es utilizado para adquirir activos que generen ingresos.

La principal razón por la que la mayoría de los pobres y la clase media son conservadores desde el punto de vista fiscal —lo que quiere decir "no puedo asumir riesgos"— es que no tienen una base financiera. Tienen que aferrarse a sus empleos. Tienen que jugar a lo seguro.

Cuando la reducción de operaciones de las empresas se puso "de moda", millones de trabajadores descubrieron que su llamado "activo más importante", sus casas, estaban comiéndoselos vivos. Sus activos —la casa— seguían teniendo un costo cada mes. Sus automóviles —otro "activo"— también se los estaban comiendo vivos. Los palos de golf en la cochera que costaron 1 000 dólares ya no valían 1 000 dólares. Sin la seguridad en el empleo, no tenían nada en qué respaldarse. Lo que pensaban que eran activos no podían ayudarles a sobrevivir en una época de crisis financiera.

Estoy seguro de que muchos de nosotros hemos llenado una solicitud de crédito en el banco para comprar una casa o un automóvil. Siempre es interesante observar la sección "valor neto". Es interesante debido a lo que las prácticas bancarias y contables aceptadas permiten que una persona cuente como activos.

Un día, para obtener mi préstamo, mi posición financiera no se veía muy bien. De manera que agregué mis palos de golf, mi colección de arte, mis libros, mi estéreo, mi televisión, mis trajes Armani, mis relojes de pulsera, mis zapatos y otros efectos personales para inflar la cifra en la columna de activos.

Sin embargo, me negaron el préstamo debido a que tenía demasiado invertido en bienes raíces. Al comité de préstamos no le gustó que yo hubiera hecho tanto dinero con departamentos. Querían saber por qué yo no tenía un trabajo normal, con un salario. No cuestionaban los trajes Armani, los palos de golf o la colección de arte. La vida es a veces dura cuando uno no se amolda al perfil "estándar".

Me da risa cada vez que escucho que alguien me dice que su valor neto es de un millón de dólares, o 100 000 dólares, o lo que sea. Una de las razones principales por las que el valor neto no es preciso es simplemente porque al momento en que usted comienza a vender sus activos, debe pagar impuestos sobre las ganancias.

De manera que muchas personas se colocan a sí mismas en grandes dificultades financieras cuando tienen ingresos bajos. Para obtener efectivo, venden sus activos. En primer lugar, sus activos personales pueden ser vendidos generalmente por sólo una fracción del valor que aparece en la lista de su hoja de balance personal. O si existe una ganancia por la venta de sus activos, deben pagar impuestos sobre esas ganancias. Nuevamente, el gobierno toma su parte de la ganancia, por lo que reduce el monto disponible para ayudarles a salir de sus deudas. Esa es la razón por la que digo que el valor neto "carece de valor" más frecuentemente de lo que se piensa.

Comience por atender su propio negocio. Conserve su empleo, pero comience a adquirir activos verdaderos, no pasivos ni efectos personales que no tienen valor real una vez que están en casa. Un automóvil nuevo pierde casi el 25 por ciento del precio que usted paga por él al momento de sacarlo del lote. No es verdaderamente un activo incluso si el banquero le permite considerarlo como tal. Mi nuevo palo de golf de titanio, de 400 dólares, valía sólo 150 dólares cuando lo utilicé por primera vez.

En el caso de los adultos: mantenga bajos sus gastos, reduzca sus pasivos y construya diligentemente una base de activos sólidos. En el caso de los jóvenes que no han dejado el hogar paterno, es importante que los padres les enseñen la diferencia entre un activo y un pasivo. Haga usted que comiencen a construir una columna de activos sólida antes de que se marchen de casa, se casen, compren una casa, tengan hijos y queden atrapados en una posición financiera riesgosa, se aferren a un empleo y compren todo a crédito. Yo veo muchas parejas jóvenes que se casaron y quedaron atrapadas en un estilo de vida que no les permite salir de deuda durante la mayoría de sus años de trabajo.

Para la mayoría de la gente, justo al momento en que los hijos se marchan de casa, los padres se dan cuenta de que no se han preparado adecuadamente para el retiro y comienzan a batallar para ahorrar dinero. Entonces sus propios padres se enferman y ellos se encuentran con nuevas responsabilidades.

Entonces, ¿qué clase de activos sugiero que usted o sus hijos adquieran? En mi mundo, los verdaderos activos caen en diferentes categorías:

1. Negocios que no requieren de mi presencia. Soy el dueño, pero son manejados o dirigidos por otras personas. Si tengo que trabajar allí, deja de ser negocio y se convierte en empleo.
2. Acciones de empresas.
3. Obligaciones de empresas.
4. Fondos mutualistas.
5. Bienes raíces que generan ingreso.
6. Pagarés.
7. Regalías por propiedad intelectual, tales como música, guiones, patentes.
8. Y todo aquello que tenga valor, produzca ingreso o se aprecie, y tenga un mercado disponible.

Cuando niño, mi padre educado me alentó a que encontrara un empleo seguro. Mi padre rico, por otra parte, me alentó a que comenzara a adquirir activos que yo amara. "Si no los amas, no les prestarás atención." Yo colecciono propiedades inmuebles simplemente porque amo los edificios y los terrenos. Me encanta buscarlos. Podría pasarme todo el día mirándolos. Cuando se presentan los problemas, esos problemas no son lo suficientemente malos como para cambiar mi amor por los bienes raíces. Las personas que aborrecen los bienes raíces no deben adquirirlos.

Me gustan las acciones de compañías pequeñas, especialmente las que empiezan. La razón es que soy un empresario, no un corporativo. En mis primeros años trabajé en organizaciones grandes, como la Standard Oil de California, el Cuerpo de Marinos de los Estados Unidos y Xerox Corp. Disfruté el tiempo que pasé en esas organizaciones y tengo buenos recuerdos, pero sé muy bien que no soy un hombre que trabaje en una compañía. Me gusta comenzar las compañías, no dirigirlas. Por eso mis compras de acciones son de compañías pequeñas y en ocasiones incluso fundo una compañía y vendo sus acciones al público. Se hacen grandes fortunas en la emisión de nuevas acciones y me gusta ese juego. Muchas personas tienen miedo de las compañías pequeñas y las llaman riesgosas; lo son. Pero el riesgo disminuye si usted ama lo que es la inversión, si la comprende y conoce el juego. Con las pequeñas compañías mi estrategia consiste en vender las acciones en un año. Mi estrategia de bienes raíces, por otra parte, es comenzar con las pequeñas y seguir comprando y vendiendo propiedades cada vez más grandes y por lo tanto, retrasando el pago de los impuestos por la ganancia. Esto permite incrementar el valor de manera espectacular. Generalmente retengo los bienes raíces menos de siete años.

Durante varios años, incluso cuando estaba en el Cuerpo de Marines y en Xerox, hice lo que me recomendó mi padre rico. Conservé mi empleo, pero aún así atendí mi propio negocio. Estuve activo en la columna de activos. Compré y vendí bienes raíces y pequeñas acciones. Mi padre rico siempre remarcó la importancia de la educación financiera. Mientras mejor comprendía la contabilidad y la administración del efectivo, mejor pude analizar las inversiones y eventualmente comencé a construir mi propia compañía.

No alentaría a nadie a que comenzara su compañía a menos de que realmente quiera hacerlo. Sabiendo lo que sé sobre dirigir una compañía, no desearía esa tarea para nadie. Existen ocasiones en que las personas no pueden encontrar un empleo y en que fundar una compañía es una solución para ellos. Las posibilidades de éxito son reducidas: nueve de cada diez compañías fracasa en los primeros cinco años. De las que sobreviven los primeros cinco años, nueve de cada diez también fracasarán más adelante. Por eso, sólo recomendaría que usted creara su compañía si realmente tiene el deseo de poseerla. De otra manera, conserve su empleo actual y atienda su propio negocio.

Cuando digo que usted debe atender su propio negocio, me refiero solo a que usted debe construir y mantener sólida su columna de activos. Una vez que introduce un dólar en esa columna, no debe permitirle salir. Piénselo de esta manera: una vez que un dólar ingresa a su columna de activos, se convierte en su empleado. Lo mejor acerca del dinero es que trabaja 24 horas al día y que puede trabajar durante varias generaciones. Conserve su empleo, sea un empleado que trabaje duro, pero siga construyendo su columna de activos.

Conforme crezca su flujo de efectivo, usted puede darse algunos lujos. Una diferencia importante es que los ricos adquieren sus lujos al final, mientras que los pobres y la clase media tienden a comprar esos lujos al principio. Los pobres y la clase media a menudo compran artículos de lujo —como casas grandes, diamantes, pieles, joyería o yates— sólo porque quieren parecerse a los ricos. Y parecen ricos, pero en realidad sólo se están hundiendo más en las deudas. Las personas que tienen dinero desde hace tiempo, los ricos de largo plazo, construyen primero su columna de activos. A continuación, el ingreso generado por la columna de activos adquiere esos lujos. Los pobres y la clase media compran esos lujos con su propio sudor, su sangre y la herencia de sus hijos.

Un verdadero lujo es una recompensa por invertir y desarrollar un activo verdadero. Por ejemplo, cuando mi esposa y yo teníamos dinero extra de nuestros edificios de apartamentos, ella adquirió su Mercedes. Eso no implicó ningún trabajo o riesgo adicional de su parte, porque el edificio de departamentos adquirió el auto. Sin embargo, ella tuvo que esperar cuatro años mientras el portafolio de inversión en bienes raíces crecía y finalmente produjo suficiente dinero extra para pagar el auto. Pero el lujo, el Mercedes, fue una recompensa debido a que ella demostró que sabía cómo hacer crecer su columna de activos. Ese automóvil ahora significa mucho más para ella que simplemente otro automóvil bonito. Significa que ella utilizó su inteligencia financiera para comprarlo.

Lo que la mayoría de la gente hace es salir impulsivamente y comprar un nuevo automóvil, o algún otro lujo, a crédito. Es posible que se sientan aburridos y simplemente quieran un nuevo juguete. La compra de un lujo a crédito a menudo ocasiona que una persona tarde o temprano lamentará su adquisición, porque la deuda por el lujo se convierte en una carga financiera.

Después de que usted se haya tomado el tiempo necesario y haya invertido en su propio negocio, estará listo para agregar el toque mágico, el más grande secreto de los ricos. El secreto que coloca a los ricos al frente de todos los demás. La recompensa que se encuentra al final del camino por haber dedicado el tiempo necesario para atender su propio negocio.

La historia de los impuestos y el poder de las corporaciones

Recuerdo que en la escuela me contaron la historia de Robin Hood y sus alegres secuaces. Mi maestra me explicó que se trataba de una maravillosa historia de un héroe romántico, parecido a Kevin Costner, que robaba a los ricos para darle a los pobres. Mi padre rico no consideraba que Robin Hood fuera un héroe. Él pensaba que Robin Hood era un ladrón.

Es posible que Robin Hood haya muerto hace mucho, pero sus seguidores todavía viven. Con frecuencia escucho a la gente decir: "¿Por qué no pagan los ricos por esto?" o "los ricos deberían pagar más impuestos y dárselos a los pobres".

Es esta idea de Robin Hood, de quitarle a los ricos para darle a los pobres, lo que ha provocado mayor aflicción en las clases media y pobre. La razón por la que la clase media paga tantos impuestos es debido al ideal de Robin Hood. La realidad es que los ricos no pagan impuestos. Es la clase media la que paga por los pobres, especialmente la educada clase media de altos ingresos.

Nuevamente, para comprender completamente la manera en que ocurren las cosas, necesitamos considerar la perspectiva histórica. Necesitamos revisar la historia de los impuestos. Aunque mi padre educado era un experto en la historia de la educación, mi padre rico se convirtió a sí mismo en un experto en la historia de los impuestos.

Mi padre rico nos explicó, a Mike y a mí, que originalmente en Inglaterra y Estados Unidos no existían los impuestos. Ocasionalmente existían impuestos temporales para sufragar los gastos de las guerras. El rey o el presidente hacía el llamado y pedía que todos contribuyeran. Los impuestos fueron cobrados en Gran Bretaña para pelear contra Napoleón entre 1799 y 1816, y en Estados Unidos sirvieron para costear la Guerra Civil entre 1861 y 1865.

En 1874 Inglaterra convirtió el impuesto sobre la renta en un gravamen permanente a sus ciudadanos. En 1913 el impuesto sobre la renta se hizo permanente en Estados Unidos mediante la adopción de la Enmienda 16 a su Constitución. En alguna época los estadounidenses eran enemigos de los impuestos. Fueron los impuestos excesivos sobre el té los que ocasionaron la famosa "Fiesta del Té" en la bahía de Boston, incidente que ayudó a que estallara la Guerra de Independencia estadounidense. Tomó cerca de 50 años tanto en Inglaterra como en Estados Unidos, hacer triunfar la idea de un impuesto sobre la renta regular.

Lo que estas fechas históricas no muestran es que ambos impuestos fueron inicialmente establecidos sólo contra los ricos. Es este punto el que mi padre rico quería que Mike y yo comprendiéramos. Nos explicó la idea de que los impuestos se popularizaron y fueron aceptados por la mayoría, cuando se le dijo a los pobres y las clases medias que los impuestos eran creados sólo para castigar a los ricos. Es por eso que las masas votaron en favor de la ley. A pesar de que originalmente se pretendía castigar a los ricos, terminaría por castigar a los mismos que votaron por ella, los pobres y la clase media.

"Una vez que el gobierno probó el sabor del dinero, su apetito creció", dijo mi padre rico. "Tu padre y yo somos exactamente lo opuesto. Él es un burócrata del gobierno y yo soy un capitalista. Nos pagan, y nuestro éxito se mide en conductas opuestas. A él le pagan por gastar dinero y contratar gente. Mientras más gaste y más gente contrate, más crece su organización. En el gobierno, mientras más grande sea su organización, más se le respeta. Por otra parte, en mi organización, mientras menos personas contrate y menos dinero gaste, yo seré más respetado por mis inversionistas. Es por eso que no me gusta la gente del gobierno. Tienen objetivos diferentes a los de la mayoría de las personas de negocios. Conforme crece el gobierno, se necesitan más y más dólares para mantenerlo."

Mi padre educado creía sinceramente que el gobierno debía ayudar a la gente. Amaba a John F. Kennedy y especialmente la idea de las Fuerzas de Paz. Amaba la idea tanto que él mismo y mi madre trabajaron para las Fuerzas de Paz entrenando a voluntarios que irían a Malasia, Tailandia y Filipinas.

También se esforzó por lograr recursos adicionales e incrementos a su presupuesto para que pudiera contratar a más personas, tanto en su empleo con el Departamento de Educación como en las Fuerzas de Paz. Ése era su trabajo.

Desde la época en que tenía 10 años de edad, yo escuché a mi padre rico decir que los trabajadores del gobierno eran una banda de ladrones perezosos, y de mi padre pobre escuché que los ricos eran ladrones codiciosos a quienes debía obligarse a pagar más impuestos. Ambas partes tenían argumentos válidos. Era difícil ir a trabajar para uno de los más grandes capitalistas de la ciudad y regresar a casa para ver a mi padre, que era un prominente líder gubernamental. No era fácil saber a quién creer.

Sin embargo, cuando estudia usted la historia de los impuestos, surge una perspectiva interesante. Como dije antes, la aprobación de los impuestos fue sólo posible porque las masas creían en la teoría económica de Robin Hood, que consistía en quitarle a los ricos para darle a todos los demás. El problema es que el apetito del gobierno por el dinero era tan grande que los impuestos tuvieron que ampliarse a la clase media y desde allí continuaron bajando.

Los ricos, por otra parte, vieron una oportunidad. Ellos no tenían que jugar bajo el mismo sistema de reglas. Como afirmé antes, los ricos ya sabían acerca de las corporaciones, que se hicieron populares en la época de los barcos de vela. Los ricos crearon la corporación como un vehículo para limitar el riesgo a los activos de cada viaje. Los ricos ponían el dinero en la corporación para financiar el viaje. La corporación contrataría entonces a la tripulación para partir al Nuevo Mundo en busca de tesoros. Si el barco se perdía, la tripulación perdía la vida, pero la pérdida de los ricos era limitada sólo al dinero invertido en ese viaje en particular. El diagrama que sigue muestra cómo la estructura corporativa se mantiene fuera de su declaración de ingresos y su hoja de balance.

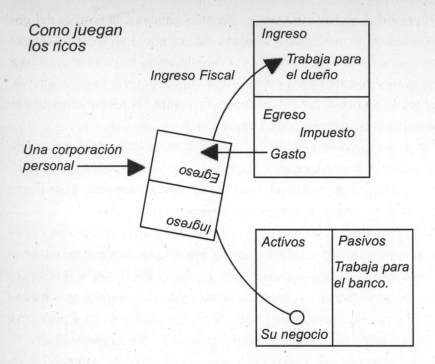

Es el conocimiento del poder de la estructura legal de la corporación lo que realmente le da al rico una gran ventaja sobre el pobre y la clase media. Al tener dos padres que me enseñaban, uno socialista y otro capitalista, pronto comencé a darme cuenta de que la filosofía del capitalista tenía más sentido financiero para mí. Me pareció que los socialistas se castigaban a sí mismos en última instancia, debido a su carencia de educación financiera. No importa lo que invente la multitud que pide que "se les quite a los ricos", éstos siempre encuentran una manera astuta de vencerlos. Esa es la manera en que los impuestos fueron eventualmente gravados a la clase media. Los ricos fueron más astutos que los intelectuales, tan sólo debido a que comprendían el poder del dinero, una materia que no se enseña en las escuelas.

¿Cómo hicieron los ricos para ser más astutos que los intelectuales? Una vez que el impuesto "para quitarle a los ricos" fue aprobado, el dinero comenzó a fluir a las arcas del gobierno. Inicialmente la gente estaba feliz. El dinero fue entregado a los trabajadores del gobierno y a los ricos. A los trabajadores del gobierno en forma de empleos y pensiones. A los ricos por medio de los contratos gubernamentales que recibían sus fábricas. El gobierno se convirtió en una inmensa fuente de dinero, pero el problema fue el manejo fiscal de ese dinero. En realidad no hay circulación. En otras palabras, la política del gobierno, si usted es un burócrata gubernamental, consistía en tener un exceso de dinero. Si fracasaba en gastar los recursos asignados, usted se arriesgaba a perderlos en el siguiente presupuesto. No se le reconocería como eficiente. Los hombres de negocios, por otra parte, eran recompensados por tener dinero en exceso y eran reconocidos por su eficiencia.

Conforme ese ciclo de gasto gubernamental en crecimiento continuó, la demanda de dinero se incrementó y la idea de "cobrar impuestos a los ricos" comenzó a ajustarse para incluir a los niveles de ingreso menores, hasta llegar a los mismos que votaron en favor, en las clases media y pobre.

Los verdaderos capitalistas utilizaron su conocimiento financiero para simplemente encontrar una manera de escapar. Se dirigieron nuevamente a la protección de la corporación. Una corporación protege a los ricos. Sin embargo, lo que muchas personas que nunca han formado una corporación no saben es que una corporación no es realmente una cosa. Una corporación es sólo una carpeta de archivo con algunos documentos legales, que se encuentra en la oficina de un abogado registrado con la agencia del gobierno estatal. No se trata de un gran edificio que lleve el nombre de la corporación. No es una fábrica con muchos trabajadores. Una corporación es sólo un documento legal que crea un cuerpo legal sin alma. La riqueza de los ricos queda nuevamente protegida. Una vez más, el uso de las corporaciones se volvió popular —cuando las leyes de impuesto sobre la renta permanente fueron aprobadas— debido a que la tasa de impuesto sobre la renta de la corporación era menor a la tasa de impuesto sobre la renta del individuo. Además, como describí anteriormente, ciertos gastos podían ser pagados con dólares antes de pagar impuestos al interior de la corporación.

Esta guerra entre los que tienen y los que no tienen ha venido desarrollándose por cientos de años. Se trata de los ricos contra la multitud que pide "que le quiten a los ricos". La batalla se libra donde quiera y cuando quiera que se hacen leyes. La batalla continuará para siempre. El problema es que las personas que pierden son las que no están informadas. Los que se levantan todos los días y acuden diligentemente a su trabajo y pagan impuestos. Si ellos comprendieran la manera en que los ricos juegan el juego, ellos podrían jugar también. Entonces estarían en camino de lograr su propia independencia financiera. Ésa es la razón por la que me molesto cuando escucho a un padre que le aconseja a sus hijos que vayan a la escuela, para que encuentren un trabajo seguro. Un empleado con un trabajo seguro y que carece de aptitud financiera no tiene manera de escapar.

Los estadounidenses promedio de la actualidad trabajan cinco o seis meses al año para el gobierno antes de que ganen lo suficiente para cubrir sus impuestos. En mi opinión, es demasiado tiempo. Mientras más duro trabajes, más pagarás al gobierno. Es por eso que creo que la idea de "que le quiten a los ricos" fue contraproducente para la gente que votó por ella.

Cada vez que la gente trata de castigar a los ricos, éstos no se conforman simplemente sino que reaccionan. Tienen el dinero, el poder y la voluntad de cambiar las cosas. No se sientan sin más y pagan voluntariamente más impuestos. Buscan maneras para minimizar su carga fiscal. Contratan a abogados y contadores astutos, convencen a los políticos para que cambien las leyes o creen lagunas legales. Tienen los recursos para efectuar el cambio.

El Código Fiscal de los Estados Unidos también permite otras maneras de ahorrar en los impuestos. La mayoría de esos medios están disponibles para todos, pero son los ricos quienes generalmente los buscan porque están atendiendo sus propios negocios. Por ejemplo, "1031" se le llama en la jerga a la Sección 1031 del Código Interno de Ingresos, que permite que un vendedor retrase el pago de impuestos sobre una propiedad de bienes raíces que venda con ganancia de capital, por medio de una permuta por otra propiedad de bienes raíces más cara. Los bienes raíces son uno de los medios de inversión que permiten una gran ventaja impositiva. En tanto siga usted haciendo permutas por bienes de mayor valor, usted no pagará impuestos sobre las ganancias hasta que liquide. Las personas que no aprovechan esta ventaja de ahorrar impuestos que se les ofrece legalmente están desaprovechando una gran oportunidad para construir su columna de activos.

Los pobres y la clase media no tienen los mismos recursos; permiten que las agujas del gobierno entren en sus brazos para que comience la donación de sangre. Hoy en día estoy azorado constantemente por el número de personas que paga más impuestos o que aprovecha menos deducciones, sólo porque tiene miedo del gobierno. Yo sé qué tan aterrador e intimidante puede ser un agente de recaudación fiscal. Pero el precio de trabajar desde enero hasta mediados de mayo es demasiado alto a pagar por la intimidación. Mi padre pobre nunca combatió de eso. Tampoco mi padre rico. Él simplemente jugó el juego de manera más astuta y lo hizo por medio de las corporaciones, el secreto más grande de los ricos.

Es posible que usted recuerde la primera lección que aprendí de mi padre rico. Yo era un niño pequeño de nueve años de edad que se sentó y esperó hasta que él decidió hablar conmigo. A menudo me sentaba en su oficina y me hacía esperar para "recibirme". Me estaba ignorando a propósito. Quería que yo reconociera su poder y que deseara tener ese poder para mí mismo algún día. Durante todos los años que estudié y aprendí de él, siempre me recordó que el conocimiento es poder. Y con el dinero viene un gran poder que requiere del conocimiento correcto para mantenerlo y hacerlo multiplicarse. Sin el conocimiento, el mundo te empuja de un lado a otro. Mi padre rico siempre nos recordó, a Mike y a mí, que el rufián más grande no es el jefe o el supervisor, sino el recaudador de impuestos. El recaudador de impuestos siempre se llevará más si usted se lo permite.

La primera lección para hacer que el dinero trabaje para mí, en vez de que yo trabaje por el dinero, se refiere en realidad al poder. Si usted trabaja para ganar dinero, usted le da el poder a su empleador. Si su dinero trabaja para usted, usted conserva y controla el poder.

Una vez que tuvimos el conocimiento del poder del dinero trabajando para nosotros, él quiso que fuéramos astutos desde el punto de vista financiero y no permitiéramos que los rufianes nos empujaran de un lado a otro. Usted necesita conocer la ley y la manera en que el sistema funciona. Si usted es ignorante, es fácil que lo intimiden. Si usted sabe de qué está hablando, tiene una oportunidad de pelear. Esa es la razón por la que él pagaba tanto dinero a los contadores y abogados astutos. Era más barato pagarles a ellos que pagarle al gobierno. La mejor lección que me dio y que he utilizado la mayor parte de mi vida es: "Sé astuto y no te intimidarán tanto." Él conocía la ley porque era un ciudadano respetuoso de la ley. Él conocía la ley porque era más caro no conocer la ley. "Si usted sabe que está en lo correcto, no tiene miedo de pelear." Incluso si se enfrenta a Robin Hood y su banda de secuaces felices.

Mi padre educado siempre me alentó a buscar un buen empleo en una corporación poderosa. Él hablaba de las virtudes de "subir por la escalera corporativa". No comprendía que, al depender únicamente del salario de un empleado corporativo, yo sería una vaca dócil que esperaba a ser ordeñada.

Cuando le dije a mi padre rico el consejo de mi padre, él soltó la carcajada. "¿Y por qué no poseer la escalera?" fue todo lo que dijo.

Cuando yo era niño no comprendía lo que mi padre rico quería decir con eso de "ser dueño de mi propia corporación". Era una idea que parecía imposible e intimidante. Aunque me emocionaba la idea, mi juventud no me permitía avisorar la posibilidad de que los adultos trabajarían algún día para una compañía de la que yo sería el dueño.

El punto es que, de no haber sido por mi padre rico, probablemente hubiera seguido el consejo de mi padre educado. Fue sólo el recordatorio ocasional de mi padre rico lo que mantuvo viva la idea de ser dueño de mi propia corporación y mantenerme en un sendero diferente. Para la época en que tenía 15 ó 16 años de edad, yo sabía que no iba a continuar el camino que me recomendaba mi padre pobre. No sabía cómo iba a hacerlo, pero estaba decidido a no seguir la dirección que llevaban mis compañeros de clase. Esa decisión cambió mi vida.

No fue sino hasta que tuve cerca de 25 años que el consejo de mi padre rico comenzó a tener más sentido. Yo acababa de salir del Cuerpo de Marines y estaba trabajando para Xerox. Estaba ganando mucho dinero, pero cada vez que miraba mi cheque de sueldo, estaba desilusionado. Las deducciones eran muy grandes y mientras más trabajaba, más grandes eran. Conforme fui teniendo éxito, mis jefes hablaban de ascensos y aumentos de sueldo. Era halagador, pero podía escuchar a mi padre rico preguntándome al oído: "¿Para quién estás trabajando? ¿A quién estás haciendo rico?"

En 1974, mientras todavía era un empleado de Xerox, formé mi primera corporación y comencé a "atender mi propio negocio". Ya contaba con algunos activos en mi columna de activos, pero ahora estaba decidido a enfocarme a hacerlos crecer. Esos cheques de mi sueldo con todas las deducciones hicieron que los años de consejo de mi padre rico cobraran sentido total. Yo podía ver el futuro si seguía el consejo de mi padre educado.

Muchos empleadores sienten que aconsejar a sus trabajadores que atiendan sus propios negocios es malo para el negocio. Yo estoy seguro de que puede serlo para algunos individuos. Pero en mi caso, enfocarme en mi propio negocio y desarrollar mis activos me hizo ser mejor empleado. Ahora tenía un propósito. Llegaba más temprano y trabajaba diligentemente, amasando tanto dinero como fuera posible con el fin de poder invertir en bienes raíces. Hawai estaba listo para tener un boom y era posible hacer una fortuna. Mientras más me daba cuenta de que estábamos en las primeras etapas de un boom, más máquinas Xerox vendí. Mientras más vendía yo, más dinero ganaba, y desde luego, más deducciones se hacían de mi cheque de pago. Eso era alentador. Yo tenía muchas ganas de salir de la trampa de ser un empleado que trabajaba más duro, no menos. Hacia 1978 yo era de manera consistente uno de los cinco vendedores con mayores ventas, y a menudo, el número uno. Deseaba desesperadamente salir de la "carrera de la rata".

En menos de tres años, yo ganaba más dinero en mi pequeña corporación propia, que era una compañía propietaria de bienes raíces, de lo que ganaba en Xerox. Y el dinero que ganaba en mi columna de activos, en mi propia corporación, era dinero que trabajaba para mí. No se trataba de que yo mismo tocara puertas para vender fotocopiadoras. El consejo de mi padre rico tenía mucho más sentido. Pronto el flujo de efectivo de mis propiedades fue tan poderoso que mi compañía me compró mi primer Porsche. Mis compañeros vendedores de Xerox creían que yo estaba gastando mis comisiones. No era así. Estaba invirtiendo mis comisiones en activos.

Mi dinero estaba trabajando duro para ganar más dinero. Cada dólar que ingresaba en mi columna de activos era un gran empleado, trabajando duro para hacer más empleados y comprarle a su jefe un nuevo Porsche con dólares no gravados por impuestos. Comencé a trabajar más duro para Xerox. El plan estaba funcionando y mi Porsche era la prueba.

Al utilizar las lecciones que aprendí de mi padre rico, fui capaz de salir de la proverbial "carrera de la rata" que inicia el empleado a edad temprana. Eso fue posible debido al poderoso conocimiento financiero que yo había adquirido por medio de esas lecciones. Sin ese conocimiento financiero, al que yo llamo mi coeficiente intelectual financiero, mi camino a la independencia financiera hubiera sido mucho más difícil. Ahora enseño a otros por medio de seminarios financieros con la esperanza de compartir mi conocimiento con ellos. Siempre que ofrezco una conferencia le recuerdo a los asistentes que el coeficiente intelectual financiero está compuesto de conocimiento proveniente de cuatro amplias áreas de experiencia:

1. **CONTABILIDAD.** Lo que yo llamo educación financiera. Es una habilidad vital si usted quiere construir un imperio. Mientras más dinero tenga usted bajo su responsabilidad, mayor precisión se requiere, o la casa se desplomará. Éste es el lado izquierdo del cerebro, o los detalles. La educación financiera es la capacidad para leer y comprender estados financieros. Esta capacidad le permitirá identificar las fortalezas y debilidades de cualquier negocio.

2. **INVERSIÓN.** Lo que yo llamo la ciencia de hacer que el dinero produzca dinero. Esto incluye estrategias y fórmulas. Éste es el lado derecho del cerebro o el lado creativo.

3. COMPRENSIÓN DE LOS MERCADOS. La ciencia de la oferta y la demanda. No es necesario conocer los aspectos "técnicos" del mercado, que son impulsados por las emociones. El muñeco de Tickle Me Elmo, que se vendió en la navidad de 1996, es un ejemplo de un mercado técnico o impulsado por las emociones. El otro factor del mercado es el "fundamental", o el sentido económico de la inversión. ¿Tiene sentido una inversión, a la luz de las condiciones actuales del mercado?

La mayoría de las personas piensa que los conceptos de inversión y comprensión del mercado son demasiado complejos para los niños. No comprenden que los niños conocen esos temas de manera intuitiva. Para aquellos que no conocen el muñeco de Elmo, se trataba de un personaje de Plaza Sésamo que fue presentado constantemente ante los niños justo antes de navidad. La mayoría de los niños quería uno y lo puso a la cabeza en la lista de compras de navidad. Muchos padres se preguntaban si la compañía fabricante había mantenido el producto fuera del mercado intencionalmente, mientras seguía anunciándolo para navidad. Se desató el pánico debido a la alta demanda y la falta de oferta. Como no había muñecos que comprar en las tiendas, los especuladores vieron una oportunidad para hacer una pequeña fortuna a costa de los padres desesperados. Los padres desafortunados que no encontraron un muñeco se vieron obligados a comprar otro juguete para navidad. La increíble popularidad del muñeco de Tickle Me Elmo no tenía sentido para mí, pero sirve como un excelente ejemplo de la ley económica de la oferta y la demanda. Lo mismo ocurre con los mercados de acciones, obligaciones, bienes raíces y tarjetas de béisbol.

4. LA LEY. Por ejemplo, utilizar una corporación cobijada por las habilidades técnicas de la contabilidad, la inversión y los mercados puede ayudar a tener un crecimiento explosivo. Un individuo que tenga conocimiento de las ventajas impositivas y la protección proporcionada por una corporación puede volverse rico mucho más rápidamente que alguien que es un empleado o el propietario de un pequeño negocio. Es como la diferencia entre alguien que camina y alguien que vuela. La diferencia es profunda cuando se refiere a la riqueza de largo plazo.

A. VENTAJAS IMPOSITIVAS: Una corporación puede hacer muchas cosas que un individuo no puede. Como pagar por los gastos antes de pagar los impuestos. Esa es un área completa de conocimiento que es muy emocionante, pero que no es necesario conocer a menos que usted tenga activos considerables o un negocio.

Los empleados ganan dinero y pagan impuestos, y tratan de vivir con lo que les queda. Una corporación gana dinero, gasta todo lo que puede y paga impuestos sobre lo que queda. Ésa es una de las grandes lagunas legales en materia de impuestos que los ricos utilizan. Son fáciles de establecer y no son caras si usted es dueño de inversiones que producen un buen flujo de efectivo. Por ejemplo, al ser dueño de su propia corporación, sus vacaciones pueden ser juntas del consejo de administración en Hawai. Los pagos por el automóvil, el seguro y las reparaciones son gastos de la compañía. La membresía a un gimnasio es un gasto de la compañía. La mayoría de las comidas en restaurantes son gastos parciales. Y así, sucesivamente, pero en forma legal, con dólares previos al pago de impuestos.

B. **PROTECCIÓN CONTRA DEMANDAS.** Vivimos en una sociedad de litigios. Todo mundo quiere una parte de lo que usted tiene. Los ricos esconden gran parte de su riqueza utilizando medios como las corporaciones y los fideicomisos para proteger sus activos de los acreedores. Cuando alguien demanda a un individuo adinerado, a menudo encuentra diferentes capas de protección legal y encuentra que la persona adinerada en realidad no es dueña de nada. Ellos controlan todo, pero no son dueños de nada. El pobre y el clasemediero tratan de ser dueños de todo y lo pierden ante el gobierno o ante otros ciudadanos a quienes les gusta demandar a los ricos. Aprendieron eso de la historia de Robin Hood. Quitémosle al rico para darle al pobre.

No es el propósito de este libro abordar los detalles específicos de ser dueño de una corporación. Pero diré que si usted es dueño de cualquier tipo de activos legítimos, yo en su lugar consideraría la idea de obtener más información sobre los beneficios y la protección que ofrece una corporación, tan pronto como sea posible. Existen muchos libros sobre esta materia que detallan los beneficios, incluso lo llevan a través de los pasos necesarios para crear una corporación. Un libro en particular, *Inc. and Grow Rich (S. A. y hágase rico)* proporciona una perspectiva maravillosa sobre el poder de las corporaciones personales.

El coeficiente intelectual financiero es en realidad la sinergia de muchas habilidades y talentos. Sin embargo, yo diría que es la combinación de las cuatro habilidades técnicas enumeradas anteriormente lo que constituye la inteligencia financiera básica. Si aspira a poseer una gran riqueza, es la combinación de esas habilidades la que amplificará en gran medida la inteligencia financiera de un individuo.

En resumen

Los ricos con corporaciones:	Los que trabajan para las corporaciones:
1. Ganan	1. Ganan
2. Gastan	2. Pagan impuestos
3. Pagan impuestos	3. Gastan

Como parte de su estrategia financiera general, le recomendamos fuertemente que sea dueño de su propia corporación, y que ésta cubra en su interior sus activos.

Los ricos inventan el dinero

Anoche tomé un descanso de la escritura de este libro para mirar un programa de televisión sobre la historia de un joven llamado Alexander Graham Bell. Bell había patentado recientemente su teléfono y tenía muchos problemas debido a que la demanda por su nuevo invento era muy grande. Necesitaba una compañía más grande y acudió al gigante de la época, Western Union; les pidió que compraran su patente y su pequeña compañía. Él quería 100 000 dólares por todo el paquete. El presidente de Western Union se burló de él y lo rechazó, alegando que el precio era ridículo. El resto es historia. Una industria de billones de dólares surgió, y nació la compañía AT&T.

El noticiero nocturno se transmitió justo después de la historia de Alexander Graham Bell. Entre las noticias se contaba la de un nuevo reajuste de operaciones de una compañía local. Los trabajadores estaban enfadados y se quejaban de que los dueños de la compañía estaban siendo injustos. Un gerente despedido, de cerca de 45 años de edad, tenía a su esposa y a dos niños en la planta y les pedía a los guardias que le permitieran hablar con los dueños para pedirles que reconsideraran su despido. Acababa de comprar una casa y tenía miedo de perderla. La cámara se enfocó en su alegato, para que todo mundo pudiera verlo. No es necesario decir que llamó mi atención.

He estado enseñando profesionalmente desde 1984. Ha sido una experiencia magnífica y reconfortante. También es una profesión perturbadora, porque le he enseñado a miles de individuos y he visto una cosa en común en todos ellos, incluyéndome. Todos tenemos un potencial tremendo y todos hemos sido bendecidos con dones. Sin embargo, algo que nos frena a todos es la duda sobre nosotros mismos. No se trata tanto de la falta de información técnica sino que es la falta de confianza en nosotros mismos. Esto afecta más a unos que a otros.

Una vez que abandonamos la escuela, la mayoría de nosotros sabe que lo que cuenta no son tanto los grados académicos o las buenas calificaciones. En el mundo real, ajeno al ámbito académico, se requiere algo más que sólo buenas calificaciones. He escuchado que se requiere "estómago", "ser cara dura", "cojones", "audacia", "bravura", "astucia", "osadía", "tenacidad" y "brillantez". Ese factor, como quiera que se le llame, decide el futuro de uno mucho más que los grados académicos.

En nuestro interior, cada uno de nosotros tiene un carácter valiente, brillante y osado. Pero también existe el reverso de ese carácter: gente que podría ponerse de rodillas y suplicar de ser necesario. Después de pasar un año en Vietnam, como piloto del Cuerpo de Marines, llegué a conocer íntimamente ambas facetas de mi carácter. Ninguna es mejor que la otra.

Sin embargo, como maestro he reconocido que el miedo excesivo y la duda sobre uno mismo constituyen el detractor más importante del genio personal. Me rompió el corazón ver a estudiantes que sabían las respuestas, pero que carecían del valor para actuar de acuerdo con la respuesta. A menudo, en el mundo no es el más inteligente quien va adelante, sino el que se atreve.

De acuerdo con mi experiencia personal, su genio financiero requiere tanto de conocimiento técnico como de coraje. Si el miedo es demasiado poderoso, el genio es reprimido. En mis clases le pedía encarecidamente a mis estudiantes que aprendieran a asumir riesgos, que fueran osados, que no impidieran que su genio convirtiera ese miedo en poder y brillantez. Funciona en algunos casos y sólo aterra a otros. Me he dado cuenta de que para la mayoría de las personas, cuando se trata del tema del dinero, prefieren jugar a lo seguro. He tenido que responder preguntas como: "¿Por qué correr riesgos?" "¿Por qué debo molestarme en desarrollar mi coeficiente intelectual financiero?" "¿Por qué debo educarme desde el punto de vista financiero?"

Y yo respondo: "Tan sólo para tener más opciones."

Hay grandes cambios por venir. Así como he comenzado con la historia del joven inventor Alexander Graham Bell, en los próximos años existirán más personas como él. Habrá cien personas como Bill Gates y cada año se crearán compañías enormemente exitosas como Microsoft, en todo el mundo. Y también habrá muchas más bancarrotas, despidos y reducción de operaciones.

Entonces, ¿por qué molestarse en desarrollar su coeficiente intelectual financiero? Nadie puede responder esa pregunta, excepto usted. Sin embargo, puedo decirle por qué lo hice yo mismo. Lo hice porque ésta es la época más emocionante para vivir. Yo prefiero darle la bienvenida a los cambios que temerles. Prefiero estar emocionado acerca de ganar millones que preocupado acerca de no obtener un aumento. Este periodo en que nos encontramos ahora es una era muy emocionante, sin precedentes en la historia de nuestro mundo. Dentro de varias generaciones la gente recordará este periodo y señalarán cuán emocionante debió haber sido. Era la muerte de lo viejo y el nacimiento de lo nuevo. Era una época llena de agitación y emocionante.

Entonces, ¿por qué molestarse en desarrollar su coeficiente intelectual financiero? Porque si lo hace, usted puede prosperar enormemente. Y si no lo hace, este periodo será aterrador. Será una época para observar a algunas personas que avanzan atrevidamente mientras otros se aferran a decadentes vueltas de la vida.

La tierra era riqueza hace 300 años. De manera que la persona que era dueña de la tierra era dueña de la riqueza. Entonces se desarrollaron las fábricas y la producción y Estados Unidos se convirtió en el país dominante. Los industriales poseían la riqueza. Hoy en día es la información. Y la persona que tiene la información más oportuna posee la riqueza. El problema es que la información viaja por todo el mundo a la velocidad de la luz. La nueva riqueza no puede ser contenida por las fronteras o los límites, de la forma en que era contenida la tierra y las fábricas. Los cambios se realizarán más rápida y espectacularmente. Habrá un dramático incremento en el número de los nuevos multimillonarios. También se incrementará el número de los que se quedaron atrás.

Hoy en día encuentro a muchas personas que tienen dificultades, que a menudo trabajan muy duro, simplemente debido a que se aferran a las viejas ideas. Ellos quieren que las cosas sigan siendo de la manera como eran antes; se resisten al cambio. Conozco personas que están perdiendo sus empleos o sus casas y culpan a la tecnología o a la economía o a sus jefes. Es triste que no se den cuenta de que ellos pueden ser el problema. Las viejas ideas son su pasivo más grande. Son un pasivo simplemente porque no se dan cuenta de que esa idea o manera de hacer algo era un activo ayer, el ayer se ha marchado.

Una tarde estaba enseñando la inversión con ayuda de un juego de mesa que inventé, llamado *Cashflow*, una herramienta didáctica. Un amigo había llevado a alguien para que asistiera a clase. La amiga de mi amigo se había divorciado recientemente, había perdido mucho dinero con los arreglos del divorcio y estaba buscando algunas respuestas. Su amigo pensó que la clase podría ayudarle.

El juego fue diseñado para ayudar a que la gente aprenda la manera en que funciona el dinero. Al practicar el juego aprenden sobre la interacción de la declaración de ingresos y la hoja de balance. Aprenden cómo "el efectivo fluye" entre ambas y cómo el camino a la riqueza consiste en esforzarse por incrementar su flujo de efectivo mensual de la columna de activos hasta el punto en que excede sus gastos mensuales. Una vez que ha logrado esto, usted es capaz de salir de la "carrera de la rata" y entrar a la "pista rápida".

Como dije antes, algunas personas odian el juego, otras lo aman y otras no lo comprenden. Esta mujer perdió una valiosa oportunidad de aprender algo. En la ronda inicial sacó una carta denominada "doodad", con un yate en ella. Al principio estaba feliz. "Oh, he obtenido un yate." Entonces, cuando su amigo trató de explicarle la manera en que los números funcionaban en su declaración de ingresos y su hoja de balance, se sintió frustrada porque nunca le habían gustado las matemáticas. El resto de los jugadores esperaron mientras su amigo continuaba explicándole la relación entre la declaración de ingreso, la hoja de balance y el flujo de efectivo mensual. Repentinamente, cuando se dio cuenta cómo funcionaban los números, se dio cuenta de que el yate se la estaba comiendo viva. Más adelante en el juego ella sufrió una "reducción de operaciones" y tuvo un hijo. Fue un juego horrible para ella.

Después de la clase, su amigo se acercó y me dijo que ella estaba enojada. Había asistido a la clase para aprender cómo invertir y no le gustó la idea de gastar tanto tiempo para participar en un juego tonto.

Su amiga intentó decirle que debía ver en su interior para averiguar si el juego "reflejaba" su personalidad de alguna manera. Con esa sugerencia, la mujer exigió que le devolviera su dinero. Dijo que la idea misma de que un juego podía reflejar su personalidad era ridículo. Le devolvimos de inmediato su dinero y se marchó.

Desde 1984 he ganado millones simplemente al hacer lo que el sistema escolar no hace. En la escuela, la mayoría de los maestros disertan. Yo aborrecía las disertaciones cuando era estudiante; pronto me aburría y mi mente divagaba.

En 1984 comencé a enseñar con ayuda de juegos y simulaciones. Siempre alentaba a los estudiantes adultos a que consideraran si los juegos reflejaban lo que ellos sabían y lo que necesitaban aprender. Más importante aún, un juego influye en el comportamiento de uno. Es un sistema de retroalimentación instantáneo. En vez de que el maestro le dé una lección, el juego lo retroalimenta con una lección personalizada, hecha a su medida.

El amigo de la mujer que se marchó llamó más tarde para decirme qué había pasado. Me dijo que su amiga estaba bien y se había calmado. En el periodo de enfriamiento, ella pudo ver una ligera relación entre el juego y su vida.

Aunque ella y su esposo no poseían un yate, habían poseído todo lo demás que uno pueda imaginar. Ella estaba enojada después del divorcio, porque él se había marchado con una mujer más joven y porque después de 20 años de matrimonio habían acumulado muy pocos activos. No había prácticamente nada que dividir. Sus 20 años de vida matrimonial habían sido increíblemente divertidos, pero todo lo que habían acumulado era una tonelada de cartas "doodads".

Ella se dio cuenta de que su ira al trabajar con los números —la declaración de ingresos y la hoja de balance— tenía su origen en su vergüenza por no comprenderlos. Ella había creído que las finanzas eran una tarea masculina. Ella se encargaba de atender la casa y de cuidar de sus invitados, y él manejaba las finanzas. Ella tenía ahora la certeza de que en los últimos cinco años de su matrimonio él había escondido dinero. Estaba molesta consigo misma por no haber estado al tanto de dónde iba el dinero, así como de no saber acerca de la otra mujer.

Al igual que en un juego de mesa, el mundo nos proporciona siempre retroalimentación instantánea. Aprenderíamos mucho si prestáramos atención. Un día, no hace mucho tiempo, me quejé con mi esposa de que la tintorería debía haber encogido mis pantalones. Mi esposa sonrió gentilmente y me dio un golpecito en el estómago para informarme que los pantalones no habían encogido, sino que algo más se había expandido: ¡yo!

El juego de *Cashflow* fue diseñado para proporcionar retroalimentación personal a cada jugador. Su propósito es brindarle opciones. Si saca la tarjeta del yate y eso le pone en deuda, la pregunta es: "¿Ahora qué puede usted hacer?" ¿Cuántas opciones financieras diferentes puede usted mencionar? Ése es el propósito del juego: enseñar a los jugadores a pensar y crear nuevas y variadas opciones financieras.

He observado a más de 1 000 personas jugar ese juego. La gente que sale más rápidamente de la "carrera de la rata" en el juego es la gente que comprende números y que tiene mente financiera creativa. Reconocen las diferentes opciones financieras. Las personas que tardan más en salir son aquellas que no están familiarizadas con los números y que a menudo no comprenden el poder de la inversión. Los ricos son a menudo creativos y corren riesgos calculados.

Ha habido personas que juegan *Cashflow* y que ganan mucho dinero en el juego, pero no saben qué hacer con él. La mayoría de ellos tampoco han sido exitosos desde el punto de vista financiero en la vida real. Todos los demás parecen llevarles la delantera, a pesar de que tienen dinero. Y eso es verdad en la vida real. Existen muchas personas que tienen mucho dinero y que no salen adelante desde el punto de vista financiero.

Limitar sus opciones es lo mismo que aferrarse a viejas ideas. Tengo un amigo de la preparatoria que ahora trabaja en tres empleos. Hace 23 años era el más rico de mis compañeros de clase. Cuando la plantación azucarera local cerró, la compañía para la que trabajaba se hundió con la plantación. En su mente él sólo tenía una opción y ésa era la vieja opción: trabajar duro. El problema era que no podía encontrar un trabajo equivalente que reconociera su antigüedad en la vieja compañía. Como resultado, está sobrecalificado para los trabajos que tiene actualmente, de manera que su salario es menor. Ahora tiene tres empleos para ganar lo suficiente para sobrevivir.

He observado a personas que juegan *Cashflow* y que se quejan de que no se sacan las tarjetas con las oportunidades "correctas". De manera que se sientan allí. He conocido personas que hacen eso en la vida real. Esperan a que se presente la oportunidad "correcta".

He observado a personas que se sacan la tarjeta con la oportunidad "correcta" y que no tienen suficiente dinero. Entonces se quejan de que hubieran salido de la "carrera de la rata" si hubieran tenido más dinero. De manera que se sientan allí. También he conocido personas que hacen eso en la vida real. Perciben todos los tratos importantes, pero no tienen dinero.

Y he conocido a personas que se sacan una tarjeta con una gran fortuna, la leen en voz alta y no tienen idea de que se trata de una gran oportunidad. Tienen el dinero, el momento es oportuno, tienen la tarjeta, pero no pueden ver la oportunidad que tienen frente a sus ojos. No logran ver cómo encaja en su plan financiero para escapar de la "carrera de la rata". Y he conocido más personas como éstas que todas las demás combinadas. La mayoría de la gente tiene la oportunidad de sus vidas centelleando frente a sus ojos, pero no la ven. Un año después se enteran de ella, cuando todos los demás se enriquecieron.

La inteligencia financiera consiste simplemente en tener más opciones. Si las oportunidades no se presentan, ¿qué más puede usted hacer para mejorar su posición financiera? Si una oportunidad aterriza en su regazo y usted no tiene el dinero y el banco no le habla ¿qué otra cosa puede usted hacer para lograr que la oportunidad funcione en su favor? Si su corazonada es equivocada y aquello con lo que usted contaba no ocurre, ¿cómo puede usted convertir un limón en millones? Eso es la inteligencia financiera. No se trata tanto de lo que ocurre, sino en cuántas diferentes soluciones financieras puede usted pensar para convertir un limón en millones. Se trata de qué tan creativo es usted para resolver problemas financieros.

La mayoría de la gente sólo conoce una solución: trabajar duro, ahorrar y pedir prestado.

Entonces, ¿por qué querría usted incrementar su inteligencia financiera? Porque quiere ser la clase de persona que crea su propia suerte. Usted acepta cualquier cosa que ocurra y la hace mejorar. Pocas personas se dan cuenta de que la suerte es creada. De la misma manera que el dinero. Si usted quiere ser más afortunado y crear dinero en vez de trabajar duro, entonces su inteligencia financiera es importante. Si usted es la clase de persona que está esperando a que ocurra la cosa "correcta", es posible que deba esperar durante mucho tiempo. Es como esperar a que todas las luces de los semáforos estén en verde a lo largo de cinco millas antes de comenzar el viaje.

Cuando éramos niños, mi padre rico nos decía constantemente a Mike y a mí que "el dinero no es real". Mi padre rico ocasionalmente nos recordaba qué tan cerca llegamos a estar del secreto del dinero ese primer día en que nos reunimos y comenzamos a "hacer dinero" con moldes de yeso. "Los pobres y la clase media trabajan por dinero", nos decía. "Los ricos hacen dinero. Mientras más real crees que es el dinero, más duro trabajas para ganarlo. Si puedes comprender la idea de que el dinero no es real, te enriquecerás más rápidamente."

"¿Qué es?" era la pregunta que le formulábamos Mike y yo con frecuencia: "¿Qué es el dinero si no es real?"

—Es lo que hemos acordado que sea —decía mi padre rico.

El activo más poderoso con que contamos es nuestra mente. Si es adiestrada correctamente, puede crear una enorme riqueza en lo que parece ser un instante; una riqueza que superaría los sueños de reyes y reinas de hace 300 años. Una mente no adiestrada también puede crear pobreza extrema que dure toda la vida al enseñarla a sus familiares.

En la era de la información, el dinero se incrementa de manera exponencial. Unos cuantos individuos se vuelven ridículamente ricos de la nada, sólo con ideas y acuerdos. Si pregunta usted a mucha gente que compra y vende acciones u otras inversiones para vivir, lo ven ocurrir todo el tiempo. A menudo, pueden hacerse millones instantáneamente de la nada. Y por nada quiero decir que no se intercambia dinero. Se hace por medio de un acuerdo: una señal con la mano en el piso de remates; un pulso en la pantalla del corredor en Lisboa, que procede de la pantalla de un corredor en Toronto, y que vuelve a Lisboa; una llamada a mi corredor de bolsa para comprar y un momento más tarde vender. El dinero no cambia de manos. Los acuerdos sí.

Entonces, ¿por qué desarrollar su genio financiero? Sólo usted puede responder eso. Puedo decirle por qué he estado desarrollando esa área de mi inteligencia. Lo hago porque quiero hacer dinero rápidamente. No porque necesite hacerlo, sino porque quiero hacerlo. Se trata de un fascinante proceso de aprendizaje. Desarrollo mi coeficiente intelectual financiero porque quiero participar en el juego más rápido y grande del mundo. Y en mi humilde medida, quiero ser parte de esta evolución sin precedentes de la humanidad, la era en que los humanos trabajan únicamente con sus mentes y no con sus cuerpos. Además, es donde se encuentra la acción. Es lo que está ocurriendo. Es cautivante. Es aterrador. Y es divertido.

Esa es la razón por la que invierto en mi inteligencia financiera, desarrollando el activo más poderoso que tengo. Quiero estar con las personas que avanzan de manera osada. No quiero ser de los que se quedaron atrás.

Voy a proporcionarle un simple ejemplo de creación de dinero. A principios de los años noventa la economía de la ciudad de Phoenix era terrible. Yo estaba observando el programa de televisión *Good Morning America*, cuando apareció un planificador financiero y comenzó a pronosticar catástrofes y desastres. Su consejo era "ahorre dinero". Ahorre 100 dólares cada mes, dijo, y en 40 años será usted multimillonario.

Bien, ahorrar dinero cada mes es una idea sólida. Es una opción; la opción que la mayor parte de las personas sigue. El problema es este: ciega a la persona sobre lo que realmente está ocurriendo. Esas personas desaprovechan grandes oportunidades para lograr un crecimiento más significativo de su dinero. El mundo les pasa por encima.

Como dije antes, la economía era terrible en aquella época. Para los inversionistas tal es la condición perfecta del mercado. Una parte de mi dinero estaba en el mercado de valores y en edificios de apartamentos. Yo necesitaba dinero. Dado que todo mundo estaba deshaciéndose de sus cosas, yo estaba comprando. Yo no estaba ahorrando dinero; estaba invirtiendo. Mi esposa y yo teníamos más de un millón de dólares en efectivo trabajando en un mercado que estaba subiendo rápidamente. Era la mejor oportunidad para invertir. La economía era terrible. Yo simplemente no podía dejar pasar esos pequeños tratos.

Las casas que antes valían 100 000 dólares ahora se vendían por 75 000. Sin embargo, en vez de buscar en la oficina de bienes raíces local, comencé a buscar en las oficinas del abogado especializado en bancarrotas o en los estrados del juzgado. En esos sitios, una casa de 75 000 dólares en ocasiones podía ser adquirida por 20 000 dólares o menos. Por 2 000 dólares, que me prestó un amigo a 90 días a cambio de 200 dólares, le di a un abogado un cheque de caja como pago inicial. Mientras la adquisición de la casa se tramitaba, puse un anuncio en el periódico anunciando una casa que valía 75 000 dólares por tan sólo 60 000 dólares sin pago inicial. El teléfono repiqueteó constantemente. Los compradores potenciales fueron investigados, y una vez que la propiedad era legalmente mía, les permití ver la casa. Se desató la vorágine. La casa se vendió en pocos minutos. Yo pedí 2 500 dólares como honorarios para tramitación, que me fueron entregados alegremente, y la compañía de avales se hizo cargo a partir de ese punto. Pagué los 2 000 dólares a mi amigo, además de 200 dólares adicionales. Él estaba feliz, el comprador de la casa estaba feliz, el abogado estaba feliz y yo estaba feliz. Había vendido por 60 000 dólares una casa que me costó 20 000 dólares. Los restantes 40 000 dólares fueron creados con dinero de mi columna de activos bajo la forma de un pagaré firmado por el comprador. El tiempo total de trabajo: cinco horas.

De manera que ahora que usted está educado financieramente y entiende los números, voy a mostrarle por qué éste es un ejemplo de dinero que ha sido inventado.

40 000 dólares creados en la columna de activos, dinero inventado y no gravado. Al 10% de interés, usted genera 4 000 dólares anuales en flujo de efectivo.

A pesar de ese mercado deprimido, mi esposa y yo fuimos capaces de hacer seis de esas transacciones sencillas en nuestro tiempo libre. Mientras la mayor parte de nuestro dinero estaba en propiedades grandes y el mercado de valores, fuimos capaces de crear más de 190 000 dólares en activos (pagarés al 10 por ciento de interés) en esas seis transacciones de compra, creación y venta. Eso equivale a un ingreso aproximado de 19 000 dólares anuales, la mayor parte del cual fue protegido por medio de nuestra corporación privada. Buena parte de los 19 000 dólares anuales se utilizan para pagar los autos de la compañía, gasolina, viajes, seguros, cenas con clientes y otras cosas. Para el momento en que el gobierno tiene oportunidad de gravar ese ingreso, ha sido gastado en gastos deducibles, previos al pago de impuestos.

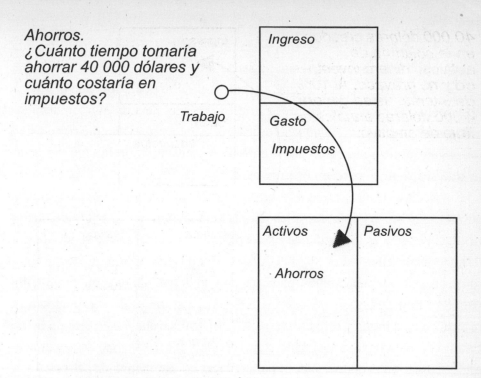

Ése fue un ejemplo sencillo de la manera en que el dinero es inventado, creado y protegido utilizando la inteligencia financiera.

Pregúntese a sí mismo cuánto tardaría en ahorrar 190 000 dólares. ¿Le paga el banco el 10% de interés sobre su dinero? Si la letra vale por 30 años. Yo espero que nunca me paguen los 190 000 dólares. Yo tendré que pagar un impuesto si me pagan el principal, y además, 19 000 dólares pagados a lo largo de los próximos 30 años es poco más de 500 000 dólares de ingreso.

Algunas personas me han preguntado qué ocurre si la persona no paga. Eso pasa y son buenas noticias. El mercado de bienes raíces de Phoenix, entre 1994 y 1997, fue uno de los más activos del país. Esa casa de 60 000 dólares será retomada y revendida por 70 000 dólares, y otros 2 500 dólares serán cobrados como honorarios por el procesamiento del préstamo. Será una transacción sin pago inicial en la mente del nuevo comprador. Y el proceso vuelve a comenzar.

Si usted es listo se habrá dado cuenta de que la primera vez que vendí la casa volví a pagar los 2 000 dólares. Técnicamente yo no tenía dinero en la transacción. Mi ganancia sobre la inversión es infinita. Es un ejemplo en que puede hacerse mucho dinero sin invertir dinero.

En la segunda transacción, cuando revendí la casa, me embolsaría 2 000 dólares y volvería a extender un préstamo a 30 años. ¿Cuál será mi tasa de ganancia sobre la inversión si me pagan dinero para hacer dinero? No lo sé, pero estoy seguro que es más que ahorrar 100 dólares al mes, que de hecho debe comenzar como 150 dólares porque corresponde a un ingreso después de pagar impuestos por 40 años al cinco por ciento y nuevamente tiene usted que pagar impuesto al cinco por ciento. Eso no es muy inteligente. Es posible que sea seguro, pero no es muy astuto.

Hoy en día, en 1997, mientras escribo este libro, las condiciones del mercado son exactamente las opuestas a las de hace cinco años. El mercado de bienes raíces de Phoenix es la envidia de Estados Unidos. Esas casas que vendimos por 60 000 dólares valen ahora 110 000 dólares. Todavía hay oportunidades de compra por bancarrota disponibles, pero costaría un activo valioso, mi tiempo, ir a buscarlas. Son raras. Sin embargo actualmente hay miles de compradores en procura de esos tratos y sólo unos cuantos disponibles que tienen sentido desde el punto de vista financiero. El mercado ha cambiado. Es tiempo de seguir adelante y buscar otras oportunidades para colocar en la columna de activos.

"Usted no puede hacer eso aquí." "Es contra la ley." "Está usted mintiendo."

He escuchado esos comentarios mucho más a menudo que: "¿Puede usted mostrarme cómo hacer eso?"

La aritmética es sencilla. Usted no necesita el álgebra o el cálculo. Yo no tuve que escribir mucho porque la compañía de avales manejó la transacción legal y el cobro de los pagos. No tengo techos que arreglar, ni cañerías que destapar, porque los dueños se encargan de eso. Es su casa. Ocasionalmente alguien no paga. Y eso es maravilloso porque hay penalizaciones por moratoria, o se mudan y la propiedad es vendida nuevamente. El sistema judicial se encarga de eso.

Y eso puede no funcionar en su área. Las condiciones del mercado pueden ser diferentes. Pero el ejemplo ilustra cómo un simple proceso financiero puede crear cientos de miles de dólares, con poco dinero y poco riesgo. Es un ejemplo de dinero que sólo se encuentra en el acuerdo. Cualquiera que tenga una educación de preparatoria puede hacerlo.

Sin embargo, la mayoría de la gente no lo haría. La mayoría de la gente escucha el consejo estándar de "trabaja duro y gana dinero".

Por casi 30 horas de trabajo, cerca de 190 000 dólares fueron creados en la columna de activos y no se pagaron impuestos.

¿Qué suena más difícil para usted?

1. Trabajar duro, pagar 50 por ciento de impuestos, ahorrar lo que quede. Sus ahorros obtienen cinco por ciento, sobre lo que también debe pagar impuestos, o
2. Dedicar tiempo para desarrollar su inteligencia financiera y dominar el poder de su cerebro y la columna de activos.

Agregue a lo anterior cuánto tiempo le tomaría, siendo el tiempo uno de sus activos más importantes, ahorrar 190 000 dólares si prefiere la primera opción.

Ahora puede usted comprender por qué sacudo silenciosamente la cabeza cuando escucho a los padres decir: "A mi hijo le va bien en la escuela y está recibiendo una buena educación." Es posible que sea buena, ¿pero será adecuada?

Sé que la estrategia de inversión anterior es pequeña. Se utiliza para ilustrar cómo lo pequeño puede crecer y ser grande. Nuevamente, mi éxito refleja la importancia de un sólido cimiento financiero, que comienza con una sólida educación financiera. Lo he dicho antes y sin embargo vale la pena repetirlo; la inteligencia financiera se compone de las siguientes cuatro habilidades técnicas principales:

1. Educación financiera. La capacidad de leer números.
2. Estrategias de inversión. La ciencia del dinero que crea dinero.
3. El mercado. Oferta y demanda. Alexander Graham Bell le dio al mercado lo que el mercado quería. También lo hizo Bill Gates. Una casa de 75 000 dólares ofrecida por 60 000 dólares que costó 20 000 dólares también fue el resultado de aprovechar una oportunidad creada por el mercado. Alguien estaba comprando y alguien estaba vendiendo.
4. La ley. Conocer reglas y regulaciones de contabilidad, corporativas, a nivel estatal y nacional. Recomiendo jugar de acuerdo con las reglas.

Es esta base elemental, o la combinación de esas habilidades, lo que se necesita para ser exitoso en la búsqueda de la riqueza, ya sea por medio de la compra de pequeñas casas, grandes apartamentos, compañías, acciones, obligaciones, fondos mutualistas, metales preciosos, tarjetas de béisbol o cosas parecidas.

Hacia 1996 el mercado de bienes raíces se había recuperado y todos estaban ingresando a él. El mercado de valores estaba expandiéndose, y todos estaban ingresando en él. La economía de Estados Unidos estaba volviendo a ponerse de pie. Yo comencé a vender en 1996 y a viajar a Perú, Noruega, Malasia y Filipinas. Las inversiones habían cambiado. Estábamos fuera del mercado de bienes raíces, al menos en lo que se refiere a comprar. Ahora sólo observaba los valores crecer en la columna de activos y probablemente comenzaría a vender a finales de año. Dependía de algunas reformas legales que podían ser aprobadas por el Congreso. Sospecho que alguno de esos seis pequeños tratos inmobiliarios comenzarán a venderse y que el pagaré por 40 000 dólares será convertido en efectivo. Necesito llamar a mi contador para estar preparado para recibir efectivo y buscar la manera de protegerlo.

El argumento que me gustaría dejar claro es que las inversiones vienen y van, el mercado sube y baja, las economías mejoran y caen. El mundo siempre está ofreciéndole a usted "la oportunidad de su vida", cada día, pero a menudo no la vemos. Sin embargo, está allí. Y mientras más cambie el mundo y más cambie la tecnología, más oportunidades se presentarán para permitirle a usted y a su familia lograr la seguridad económica durante generaciones.

Entonces, ¿por qué molestarse en desarrollar su inteligencia financiera? Nuevamente, sólo usted puede responder esa pregunta. Yo sé por qué continúo aprendiendo y desarrollándola. Lo hago porque sé que se avecinan cambios. Prefiero dar la bienvenida a los cambios que aferrarme al pasado. Sé que habrá períodos de boom y crisis en los mercados. Deseo desarrollar continuamente mi inteligencia financiera porque, en cada cambio del mercado, algunas personas estarán de rodillas rogando por sus empleos. Otros, por su parte, tomarán los limones que les da la vida —a todos nos dan limones ocasionalmente— y los convertirán en millones. Ésa es inteligencia financiera.

A menudo me preguntan acerca de los limones que he convertido en millones. Como nota personal, dudo en utilizar más ejemplos de mis inversiones personales. Dudo porque tengo el temor de que se considere que estoy jactándome de ellas. Ésa no es mi intención. Utilizo esos ejemplos sólo como ilustraciones numéricas y cronológicas de casos verdaderos y sencillos. Utilizo esos ejemplos porque deseo que usted sepa que es fácil. Mientras más familiarizado esté usted con los cuatro pilares de la inteligencia financiera, será más fácil.

Personalmente utilizo dos medios principales para lograr el crecimiento financiero: bienes raíces y acciones de compañías pequeñas. Utilizo los bienes raíces como mi base. Día y noche mis propiedades proporcionan flujo de efectivo y su valor crece en rachas ocasionales. Las acciones de las pequeñas compañías son utilizadas para crecimiento rápido.

No recomiendo nada de lo que hago. Los ejemplos son sólo eso: ejemplos. Si la oportunidad es demasiado compleja y no comprendo la inversión, no la realizo. Todo lo que se necesita para que las cosas marchen bien desde el punto de vista financiero son matemáticas sencillas y sentido común.

Existen cinco razones para utilizar los ejemplos:

1. Para inspirar a que la gente aprenda más.
2. Para permitir que la gente sepa que es fácil si la base es sólida.
3. Para demostrar que cualquiera puede lograr una gran riqueza.
4. Para demostrar que hay un millón de formas de lograr sus metas.
5. Para demostrar que no se trata de ciencia espacial.

En 1989 yo solía salir a correr en un vecindario encantador en Portland, Oregon. Era un suburbio que tenía casas que parecían hechas de pan de jengibre. Eran pequeñas y lindas. Casi podía esperar que Caperucita Roja aparecería brincando por la acera camino de la casa de su abuelita.

Había anuncios de "se vende" por todas partes. El mercado de la madera era terrible, el mercado de valores había tenido una crisis recientemente y la economía estaba deprimida. En una calle vi un anuncio de "se vende" que había estado allí más tiempo. Se veía viejo. Al pasar corriendo un día me encontré con el dueño, que parecía perturbado.

—¿Cuánto está usted pidiendo por su casa? —le pregunté.

El propietario se dio la vuelta y mostró una sonrisa lastimera. "Hágame una oferta", me dijo. "La he tenido en venta por cerca de un año. Ya nadie viene a verla."

—Yo la miraré —le dije, y compré la casa media hora después por 20 000 dólares menos que el precio que pedía.

Era un lindo hogar de dos recámaras, con bellos remates en las ventanas. Era de color azul claro con detalles en gris y había sido construida en 1930. Al interior había una hermosa chimenea de roca, así como dos pequeñas recámaras. Era una casa perfecta para rentar.

Le di al dueño un pago inicial de 5 000 dólares por una casa de 45 000 dólares que en realidad valía 65 000 dólares, sólo que nadie quería comprarla. El propietario se mudó en una semana, feliz de quedar libre, y mi primer inquilino se mudó a la casa; se trataba de un profesor universitario local. Después de que la hipoteca, los gastos y los honorarios por administración fueron pagados, yo me embolsaba menos de 40 dólares al final de cada mes. Nada emocionante.

Un año después, el mercado inmobiliario de Oregon, que había estado deprimido, comenzó a activarse. Los inversionistas de California, dotados con dinero proveniente de su propio mercado inmobiliario que aún estaba en boom, se mudaban hacia el norte y estaban comprando en Oregon y el estado de Washington.

Vendí la pequeña casa por 95 000 dólares a una pareja joven de California que consideró que era una ganga. Mis ganancias de capital de aproximadamente 40 000 dólares fueron ubicadas en un intercambio con impuestos diferidos conocido como "1031", y yo comencé a buscar un lugar donde colocar mi dinero. En cerca de un mes encontré un edificio de 12 apartamentos justo junto a la planta de Intel en Beaverton, Oregon. Los propietarios vivían en Alemania y no tenían idea del valor del lugar, y nuevamente, sólo deseaban deshacerse de él. Les ofrecí 275 000 dólares por un edificio que valía 450 000 dólares. Ellos aceptaron 300 000 dólares. Lo compré y lo conservé durante dos años. Utilizando el mismo proceso de intercambio "1031", vendí el edificio por 495 000 dólares y compré un edificio de 30 apartamentos en Phoenix, Arizona. Para entonces nos habíamos mudado a Phoenix para escapar de la lluvia y necesitaba vender de cualquier forma. Como el anterior mercado de Oregon, el mercado inmobiliario en Phoenix estaba deprimido. El precio del edificio de 30 apartamentos en Phoenix fue de 875 000 dólares, con un pago inicial de 225 000 dólares. El flujo de efectivo de las 30 unidades era ligeramente superior a 5 000 dólares mensuales. El mercado de Arizona comenzó a subir y en 1996 un inversionista de Colorado nos ofreció 1.2 millones de dólares por la propiedad.

Mi esposa y yo consideramos la idea de vender, pero decidimos esperar para ver si las leyes relacionadas con ganancias de capital eran reformadas por el Congreso. Si las modificaban, sospechábamos que la propiedad subiría de 15 a 20 por ciento. Además, los 5 000 dólares mensuales proporcionaban un buen flujo de efectivo.

Lo importante de este ejemplo es cómo una pequeña cantidad puede convertirse en una gran cantidad. Nuevamente, depende de comprender declaraciones financieras, estrategias de inversión, y comprender el mercado y las leyes. Si las personas no están capacitadas en estos temas, entonces obviamente deben seguir el dogma estándar, que es jugar a lo seguro, diversificar y sólo realizar en inversiones seguras. El problema con las inversiones "seguras" es que a menudo han sido "limpiadas"; es decir, las han hecho tan seguras que la ganancia es menor.

La mayoría de las casas de corretaje no realizan transacciones especulativas para protegerse a sí mismas y a sus clientes. Y ésa es una política sabia.

Los negocios que son verdaderamente atractivos no son ofrecidos a los novatos. A menudo los mejores negocios que hacen que los ricos se hagan todavía más ricos están reservados para quienes comprenden el juego. Desde el punto de vista técnico es ilegal ofrecer esa clase de tratos especulativos a quienes no se consideran "sofisticados", pero desde luego, llega a ocurrir.

Mientras más "sofisticado" me consideran, más oportunidades se me presentan. Otro motivo para desarrollar su inteligencia financiera a lo largo de su vida es simplemente que se le presentan más oportunidades. Y mientras mayor sea su inteligencia financiera, más fácil le será saber si el negocio es bueno. Es su inteligencia la que le permitirá distinguir un mal negocio, o hacer que un mal negocio sea bueno. Mientras más aprendo —y hay mucho que aprender—, más dinero puedo hacer simplemente porque obtengo experiencia y sabiduría conforme pasan los años. Tengo amigos que están jugando a lo seguro, trabajando duro en su profesión y que no logran obtener sabiduría financiera, que tarda tiempo en desarrollarse.

Mi filosofía en general es plantar las semillas en mi columna de activos. Ésa es mi fórmula. Comienzo en pequeño y planto las semillas. Algunas crecen, otras no.

Al interior de nuestra corporación de bienes raíces tenemos propiedades que valen varios millones de dólares. Es nuestro propio fideicomiso de inversión en bienes raíces (REIT, por sus siglas en inglés). Lo importante es que la mayoría de esos millones comenzaron como inversiones pequeñas, de 5 000 dólares o 10 000 dólares. Todos esos pagos iniciales tuvieron la fortuna de ser realizados en un mercado que subía rápidamente, de crecer libres de impuestos y de servir de base para comprar y vender varias veces a lo largo de cierto número de años.

También poseemos nuestro portafolio de inversiones en acciones, al seno de una corporación que mi esposa y yo llamamos "nuestro fondo mutualista personal". Tenemos amigos que hacen negocios específicamente con inversionistas como nosotros, que tienen dinero extra cada mes para invertir.

Adquirimos compañías privadas especulativas de alto riesgo, que están a punto de cotizar en el mercado de valores de Estados Unidos y Canadá. Un ejemplo de cómo pueden lograrse ganancias rápidas son las 100 000 acciones adquiridas por 25 centavos cada una, antes de que la compañía comience a cotizar en la bolsa. Seis meses después, la compañía cotiza en la bolsa y esas acciones valen 2 dólares cada una. Si la compañía es bien manejada, el precio sigue subiendo y las acciones pueden valer 20 dólares o más cada una. Hemos tenido años en que nuestros 25 000 dólares se han convertido en un millón en menos de un año.

Lo anterior no es apostar si usted sabe lo que está haciendo. Es apostar si sólo está colocando el dinero en el negocio y luego reza. La idea es utilizar su conocimiento técnico, sabiduría y amor por el juego para mejorar las probabilidades y reducir el riesgo. Desde luego, siempre hay riesgo. Es la inteligencia financiera lo que mejora las posibilidades. Por otra parte, lo que es riesgoso para una persona es menos riesgoso para otra. Ésa es la razón principal por la que constantemente aliento a la gente para que invierta más en su educación financiera que en la bolsa, los bienes raíces u otros mercados. Mientras más inteligente sea usted, mejor oportunidad tendrá de mejorar las posibilidades.

Las acciones bursátiles en que invierto personalmente son de un riesgo extremadamente alto para la mayoría de las personas y no las recomiendo en absoluto. He estado jugando este juego desde 1979 y he pagado más de lo que me correspondía en pérdidas. Pero si usted vuelve a leer por qué las inversiones de este tipo son altamente riesgosas para la mayoría de las personas, estará en posibilidades de establecer su vida de manera diferente, de manera que la capacidad de tomar 25 000 dólares y convertirlos en un millón de dólares en un año será de bajo riesgo para usted.

Como señalé anteriormente, nada de lo que he escrito es una recomendación. Sólo lo utilizo como ejemplo de lo que es simple y posible. Lo que hago es insignificante en el esquema de las cosas y, sin embargo, para un individuo promedio, un ingreso personal de más de 100 000 dólares al año es aceptable y no es difícil de lograr. Dependiendo del mercado y de qué tan astuto sea usted, puede hacerse entre cinco y diez años. Si usted mantiene sus gastos en un nivel modesto, un ingreso adicional de 100 000 dólares es agradable, sin importar si usted trabaja. Usted puede trabajar si lo desea y tomarse un descanso si lo prefiere, y utilizar el sistema de impuestos del gobierno en su favor, en vez de en su contra.

Mi base personal son los bienes raíces. Me encanta el sector inmobiliario porque es estable y se mueve lentamente. Mantengo esa base sólida. El flujo de efectivo es relativamente estable, y si es manejado adecuadamente, tiene una buena oportunidad de incrementar su valor. La belleza de contar con una base sólida de bienes raíces es que me permite correr más riesgos con las acciones bursátiles más especulativas que adquiero.

Obtengo grandes utilidades en el mercado de valores, pago mis impuestos sobre ganancias de capital con lo que gano y luego reinvierto lo que queda en el mercado de bienes raíces, nuevamente para fortalecer más mi base de activos.

Una última palabra sobre bienes raíces. He viajado por todo el mundo y he enseñado a invertir. En cada ciudad escucho a la gente decir que no es posible comprar bienes raíces baratos. Eso no es lo que indica mi experiencia. Incluso en Nueva York o Tokio, o en las afueras de la ciudad, existen gangas que la mayoría de la gente no ve. En Singapur, donde actualmente los precios de los bienes raíces son altos, todavía existen gangas que pueden ser localizadas a distancias cortas. De manera que cuando escucho a alguien decir "usted no puede hacer esto aquí", les recuerdo que posiblemente la afirmación verdadera sea "no sé cómo hacer eso aquí... aún".

Las grandes oportunidades no se ven con los ojos. Se ven con la mente. La mayoría de la gente nunca se enriquece simplemente porque no ha sido capacitada desde el punto de vista financiero para reconocer las oportunidades que tienen frente a ellos.

A menudo me preguntan: "¿Cómo empiezo?"

En el último capítulo ofrezco 10 pasos que he seguido en mi camino hacia la libertad financiera. Pero siempre recuerde divertirse. Esto es sólo un juego. En ocasiones usted gana y en ocasiones usted aprende. Pero diviértase. La mayoría de la gente nunca gana porque tienen más miedo de perder. Ésa es la razón por la que considero que la escuela es tan tonta. En la escuela aprendemos que los errores son malos y nos castigan cuando los cometemos. Sin embargo, si considera usted la manera en que los humanos hemos sido diseñados para aprender, se dará cuenta de que aprendemos al cometer errores. Al aprender a caminar nos caemos. Si nunca nos cayéramos, no aprenderíamos a caminar. Lo mismo ocurre cuando aprendemos a andar en bicicleta. Yo todavía conservo cicatrices en mis rodillas, pero puedo andar en bicicleta sin pensarlo. Esto también es aceptable en lo que se refiere a volverse rico. Desafortunadamente la mayoría de la gente no es rica porque está aterrada de perder. Los ganadores no tienen miedo de perder. Pero los perdedores sí. El fracaso es parte del proceso del éxito. La gente que evita el fracaso también evita el éxito.

Yo veo al dinero de la misma forma que veo mi juego de tenis. Juego mucho, cometo errores, corrijo, cometo más errores, corrijo y mejoro mi juego. Si pierdo el juego, extiendo la mano sobre la red, estrecho la mano de mi oponente y le digo: "Nos vemos el próximo sábado."

Existen dos clases de inversionistas:

1. La primera clase, y la más común, son las personas que adquieren una inversión "empacada". Ellos llaman a un revendedor, como una compañía de bienes raíces o un corredor de bolsa o un planificador financiero, y compran algo. Puede ser un fondo mutualista, un fideicomiso de inversión en bienes raíces (REIT), acciones u obligaciones de una compañía. Es una manera limpia y sencilla de invertir. Un ejemplo sería el comprador que va a una tienda de computadoras y compra una computadora que ve en la repisa.

2. El segundo lo conforman los inversionistas que crean inversiones. Este tipo de inversionista generalmente crea el negocio, de manera muy parecida a la gente que compra los componentes de una computadora y la arma. Es como hacer algo a la medida. Yo no sé nada sobre armar los componentes de una computadora. Sin embargo, sé cómo armar las piezas de una oportunidad, o conozco gente que sabe hacerlo.

Es este segundo tipo de inversionista el que más probablemente se acerca al inversionista profesional. En ocasiones toma años reunir las piezas. Y en ocasiones nunca logran reunirse. Mi padre rico me alentó a convertirme en este segundo tipo de inversionista. Es importante aprender cómo colocar las piezas, porque es allí donde se encuentran las enormes ganancias y en ocasiones también las enormes pérdidas si la corriente va en contra.

Si desea convertirse en el segundo tipo de inversionista, necesita desarrollar tres habilidades principales. Esas habilidades son adicionales a las que se requieren para ser inteligente desde el punto de vista financiero:

1. Cómo encontrar una oportunidad que todos los demás han pasado por alto. Usted ve con su mente lo que otros no ven con sus ojos. Por ejemplo, un amigo compró una casa vieja y ruinosa. Era una lástima verla. Todos se preguntaban por qué la había comprado. Lo que él vio y nadie más percibió, es que la casa estaba acompañada de cuatro lotes vacíos.

Se dio cuenta de eso al ir al registro de la propiedad. Después de comprar la casa, la demolió y vendió los cinco lotes a un constructor por un precio equivalente a tres veces lo que pagó por todo el paquete. Hizo 75 000 dólares por el trabajo de dos meses. No es mucho dinero, pero seguramente es más que el salario mínimo y no es difícil desde el punto de vista técnico.

2. Cómo obtener dinero. La persona promedio sólo acude al banco. Este segundo tipo de inversionista necesita saber cómo hacerse de capital y existen muchas formas de lograrlo sin la participación de un banco. Para comenzar, yo aprendí cómo comprar casas sin la ayuda del banco. No era tanto las casas, sino la habilidad aprendida de obtener capital, lo que no tuvo precio.

A menudo escucho a la gente decir: "El banco no me prestará dinero" o "no tengo el dinero para comprarlo". Si usted desea convertirse en un inversionista del segundo tipo, necesita aprender cómo hacer lo que detiene a la mayoría de la gente. En otras palabras, la mayoría de las personas permiten que la falta de dinero les impida hacer un negocio. Si usted puede evitar ese obstáculo, se habrá adelantado mucho en comparación con quienes no aprenden esas habilidades. Han existido ocasiones en que he comprado una casa, una acción o un edificio de apartamentos sin tener un centavo en el banco. Una vez compré un edificio de apartamentos por 1.2 millones de dólares. Hice lo que se llama "amarrar" un contrato por escrito entre comprador y vendedor. Luego reuní el depósito de 100 000 dólares, que me dio 90 días para conseguir el resto del dinero. ¿Por qué lo hice? Simplemente porque yo sabía que el edificio valía dos millones de dólares. Nunca reuní el dinero. En vez de ello, la persona que me prestó los 100 000 dólares me dio 50 000 dólares por encontrar el negocio y tomó mi posición y yo dejé el trato. En total trabajé tres días. Nuevamente, se trata más de lo que usted sabe que lo que usted compra. Invertir no es comprar. Es saber.

3. Cómo organizar a personas inteligentes. Las personas inteligentes son aquellas que trabajan con o contratan a una persona que es más inteligente que ellas. Cuando usted necesita consejo, asegúrese de escoger sabiamente a su consejero.

Hay mucho que aprender, pero las recompensas pueden ser astronómicas. Si usted no desea aprender esas habilidades, entonces es altamente recomendable que se convierta en un inversionista del primer tipo. Lo que usted sabe constituye su mayor riqueza. Lo que usted no conoce constituye su riesgo más grande.

Siempre existe riesgo, por lo que usted debe aprender a manejar el riesgo en vez de evitarlo.

Trabaje para aprender no para ganar dinero

En 1995 concedí una entrevista para un periódico en Singapur. La joven reportera fue puntual y la entrevista comenzó inmediatamente. Nos sentamos en el vestíbulo de un hotel de lujo, bebiendo café y conversando sobre el propósito de mi visita a Singapur. Compartiría el estrado con Zig Ziglar. Él hablaría de motivación y yo hablaría sobre "Los secretos de los ricos".

—Algún día seré una autora de libros líderes en ventas, como usted —me dijo.

Yo había visto algunos de los artículos que ella había escrito para el periódico y estaba impresionado. Tenía un estilo duro y claro para escribir. Sus artículos retenían el interés del lector.

—Usted tiene un gran estilo —le respondí—. ¿Que le impide lograr su sueño?

—Mi trabajo no parece avanzar hacia ninguna parte —me dijo tranquilamente—. Todos piensan que mis novelas son excelentes, pero no pasa nada. Por eso conservo mi trabajo con el periódico. Al menos pago mis cuentas. ¿Tiene usted alguna sugerencia?

—Sí —le dije vivamente—. Un amigo mío aquí en Singapur dirige una escuela que enseña a la gente a vender. Dirige cursos de capacitación para las ventas para muchas de las corporaciones más importantes aquí, en Singapur; creo que si usted asistiera a uno de sus cursos le permitiría mejorar su carrera.

Ella se puso rígida. "¿Está usted diciendo que debo ir a la escuela para aprender a vender?"

Yo asentí.

—Usted no lo dice en serio, ¿verdad?

Nuevamente asentí: "¿Qué hay de malo en eso?" Ahora yo trataba de dar marcha atrás. Ella se había ofendido por algún motivo, y yo deseaba no haber dicho nada. En mi deseo de ayudarle me encontré defendiendo mi sugerencia.

—Tengo una maestría en literatura inglesa. ¿Por qué debo ir a la escuela para aprender a ser vendedora? Soy una profesionista. Asistí a la escuela para recibir adiestramiento en una profesión, con el fin de no ser una vendedora. Odio a los vendedores. Todo lo que desean es dinero. ¿Así que usted me dice que debo ir a estudiar ventas? —ella comenzó a guardar sus cosas en el maletín. La entrevista había terminado.

En la mesa frente a nosotros había una copia de un libro que yo había escrito anteriormente y que se había vendido mucho. Lo levanté, así como las notas que había realizado en su libreta. "¿Ve usted esto?", le dije señalando sus notas.

Ella miró sus notas. "¿Qué?", preguntó confundida.

Nuevamente señalé sus notas. En su libreta había anotado "Robert Kiyosaki, autor de los libros mejor vendidos".

—Dice "autor de los libros mejor vendidos". No dice "autor de los libros mejor escritos".

Sus ojos se abrieron inmediatamente.

—Yo soy un escritor muy malo. Usted es una buena escritora. Yo fui a la escuela de ventas. Usted tiene una maestría. Junte todo eso y usted tiene un "autor de libros mejor vendidos" y una "autora de libros mejor escritos".

La ira apareció en sus ojos: "Nunca me rebajaré al extremo de aprender a vender. Las personas como usted no deberían escribir. Yo soy una escritora capacitada profesionalmente y usted es un vendedor. No es justo."

Guardó el resto de sus notas y se apresuró a salir por las grandes puertas de vidrio a la mañana húmeda en Singapur.

Al menos me trató de manera justa y favorable en el artículo publicado al día siguiente.

El mundo está lleno de personas inteligentes, talentosas, educadas y dotadas. Nos encontramos con ellas todos los días. Están en todas partes.

Hace unos días mi coche no funcionaba bien. Lo llevé a un taller y un joven mecánico lo arregló en cuestión de minutos. Él se dio cuenta de lo que estaba mal simplemente al escuchar el motor. Yo estaba asombrado.

La triste verdad es que no es suficiente tener un gran talento.

Constantemente me asombra lo poco que gana la gente talentosa. El otro día escuché que menos del cinco por ciento de los estadounidenses ganan más de 100 000 dólares al año. He conocido personas brillantes y muy educadas que ganan menos de 20 000 dólares al año. Un consultor de negocios que se especializa en el sector de la medicina me decía cuántos doctores, dentistas y quiroprácticos tienen problemas financieros. Todo este tiempo había pensado que, tan pronto como se graduaban, los dólares comenzaban a caerles del cielo. Fue ese mismo consultor de negocios quien me proporcionó la frase: "Les falta sólo una habilidad para alcanzar una gran riqueza."

Lo que esa frase significa es que la mayoría de las personas sólo necesitan aprender y dominar una habilidad más y su ingreso se dispararía de manera exponencial. He mencionado anteriormente que la inteligencia financiera es la sinergia entre la contabilidad, la inversión, la mercadotecnia y las leyes. Si usted combina esas cuatro habilidades técnicas, se hace más sencillo ganar dinero con dinero. En lo que se refiere al dinero, la única habilidad que la mayoría de la gente conoce es como trabajar duro.

El ejemplo clásico de una sinergia de habilidades es esa joven escritora del periódico. Si ella aprendiera de manera diligente las habilidades de ventas y mercadotecnia, su ingreso se dispararía espectacularmente. Si yo fuera ella, tomaría algunos cursos sobre publicidad, así como de ventas. A continuación, en vez de trabajar para un periódico, buscaría trabajo en una agencia de publicidad. Incluso si tuviera un salario menor, aprendería cómo comunicarme en "frases breves", que son utilizadas en los anuncios exitosos. Aprendería cómo lograr millones en publicidad gratuita. Luego, por la noche o durante los fines de semana, podría escribir mi gran novela. Cuando la hubiera terminado, estaría en posibilidades de vender el libro. De esa manera podría convertirme en una "autora de libros mejor vendidos".

Cuando publiqué mi primer libro, *If You Want To Be Rich and Happy, Don't Go to School (Si usted desea ser rico y feliz, no vaya a la escuela)*, el editor sugirió que cambiara el título a *La economía de la educación*. Le dije al editor que con un título como ese yo vendería dos libros: uno para mi familia y otro para mi mejor amigo. El problema es que esperarían sus copias gratis. El molesto título *Si usted desea ser rico y feliz, no vaya a la escuela* fue escogido porque sabíamos que obtendría muchísima publicidad. Yo estoy a favor de la educación y creo en la reforma educativa. De otra manera, ¿por qué continuaría ejerciendo presión para cambiar nuestro anticuado sistema educativo? De manera que escogí un título que me llevaría a más programas de radio y televisión, simplemente porque deseaba ser controvertido. La mayoría de la gente pensó que yo era un farsante, pero el libro se vendió mucho.

Cuando me gradué en la Academia de Marina Mercante de Estados Unidos, en 1969, mi padre educado estaba feliz. La compañía Standard Oil de California me contrató para su flota de barcos petroleros. Yo era el tercero de mi clase y el salario era bajo en comparación con el resto de mis compañeros de clase, pero estaba bien para ser mi primer trabajo verdadero después de la universidad. Mi salario inicial fue de cerca de 42 000 dólares al año, incluyendo tiempo extra, sólo tenía que trabajar durante siete meses. Tenía cinco meses de vacaciones. Si lo hubiera deseado, habría podido tomar la ruta a Vietnam con una compañía naviera subsidiaria y hubiera duplicado mi paga en vez de tener cinco meses de vacaciones.

Yo tenía una gran carrera por delante y sin embargo renuncié luego de seis meses con la compañía para unirme al Cuerpo de Marines y aprender a volar. Mi padre educado estaba desolado. Mi padre rico me felicitó.

En la escuela y en el sitio de trabajo, la opinión popular es la idea de la "especialización". Es decir, con el fin de ganar más dinero o de lograr un ascenso, usted necesita "especializarse". Esa es la razón por la que los médicos comienzan inmediatamente a buscar una especialidad, como la ortopedia o la pediatría. Lo mismo ocurre con los contadores, arquitectos, abogados, pilotos y otros.

Mi padre educado creía en ese mismo dogma. Por eso estaba emocionado cuando eventualmente logró su doctorado. A menudo admitía que las escuelas recompensan a las personas que estudian más y más acerca de menos y menos.

Mi padre rico me alentó a hacer exactamente lo opuesto. "Tú deseas saber un poco acerca de mucho" fue su sugerencia. Por eso durante años trabajé en diferentes áreas de sus compañías. Por algún tiempo trabajé en el departamento de contabilidad. Aunque probablemente nunca hubiera sido un contador, quería que yo aprendiera por "ósmosis". Mi padre rico sabía que yo aprendería "la jerga" y que aprendería a distinguir entre lo que es importante y lo que no lo es. También laboré como peón y trabajador de construcción, así como en ventas, reservaciones y mercadotecnia. Nos estaba preparando, a Mike y a mí. Es por eso que insistía en que asistiéramos a las reuniones con los banqueros, abogados, contadores y corredores. Deseaba que aprendiéramos un poco sobre cada aspecto de su imperio.

Cuando abandoné mi empleo bien pagado con Standard Oil, mi padre educado tuvo una reunión "de corazón a corazón" conmigo. Estaba asombrado. No podía comprender mi decisión de renunciar a una carrera que ofrecía un salario alto, grandes beneficios, mucho tiempo libre y la oportunidad de un ascenso. Cuando me preguntó una noche "¿por qué renunciaste?", yo no podía explicárselo, por más que tratara. Mi lógica no encajaba con su lógica. El gran problema era que mi lógica era la lógica de mi padre rico.

La seguridad en el empleo era lo más importante para mi padre educado. El aprendizaje era lo más importante para mi padre rico.

Mi padre educado pensó que yo había ido a la escuela para aprender a ser oficial de navío. Mi padre rico sabía que yo había ido a la escuela para estudiar comercio internacional. De esa forma, como estudiante, realicé viajes en cargueros y navegué en buques mercantiles, tanqueros y barcos de pasajeros al Lejano Oriente y al Pacífico Sur. Mi padre rico hizo hincapié en que realizara viajes al Pacífico en vez de ir a Europa porque sabía que las "naciones emergentes" estaban en Asia, no en Europa. Mientras la mayoría de mis compañeros de clase, incluyendo a Mike, tenían fiestas en sus fraternidades universitarias, yo estaba estudiando el comercio, la gente, los estilos de negocios y las culturas de Japón, Taiwán, Tailandia, Singapur, Hong Kong, Vietnam, Corea, Tahití, Samoa y Filipinas. También asistía a fiestas, pero no en la fraternidad universitaria. Crecí rápidamente.

Mi padre educado simplemente no podía comprender por qué decidí renunciar y unirme al Cuerpo de Marines. Le dije que deseaba aprender a volar, pero en realidad quería aprender a comandar tropas. Mi padre rico me explicó que la parte más difícil de dirigir una compañía consiste en manejar al personal. Él había pasado tres años en el ejército; mi padre educado quedó exento del servicio militar. Mi padre rico me explicó la importancia de aprender a dirigir hombres en situaciones difíciles. "El liderazgo es lo que necesitas aprender a continuación", me dijo. "Si no eres un buen líder, te darán un balazo en la espalda, como ocurre en los negocios."

A mi regreso de Vietnam, en 1973, renuncié a mi comisión, a pesar de que me encantaba volar. Encontré un empleo con la compañía Xerox Corp. Me uní a esa compañía por una razón, y no era la de los beneficios laborales. Yo soy una persona tímida y la idea de vender era la más aterradora del mundo. Xerox tiene uno de los mejores programas de capacitación de ventas en Estados Unidos.

Mi padre rico estaba orgulloso de mí. Mi padre educado estaba avergonza-do. Como era un intelectual, él consideraba que los vendedores estaban por debajo de su categoría. Yo trabajé con Xerox durante cuatro años hasta que logré vencer mi miedo a tocar puertas y ser rechazado. Una vez que logré mantenerme constantemente como uno de los cinco mejores vendedores, re-nuncié nuevamente, seguí avanzando y dejé atrás otra gran carrera con una compañía excelente.

En 1977 formé mi primera compañía. Mi padre rico nos había preparado, a Mike y a mí, para tomar el control de compañías. De manera que ahora tenía que aprender a formarlas y ensamblarlas. Mi primer proyecto, una car-tera de nylon y velcro, fue fabricada en el Lejano Oriente y enviada a un almacén en Nueva York, cerca de donde había ido a la escuela. Mi educación formal estaba completa y era el momento de probar mis alas. Si fallaba, me iría a la bancarrota. Mi padre rico pensaba que era mejor quebrar antes de cumplir 30 años. "Todavía tienes tiempo para recuperarte", fue su consejo. El día anterior a mi cumpleaños número 30 mi primer cargamento salió de Corea hacia Nueva York.

Actualmente todavía realizo negocios en un nivel internacional. Tal y como me alentó mi padre rico, mantengo relación con las naciones emergentes. Hoy en día mi compañía realiza inversiones en Sudamérica, Asia, Noruega y Rusia.

Existe un viejo cliché en inglés que señala que la palabra JOB (trabajo) es el acrónimo de *Just over broke* ("casi quebrado"). Y desafortunadamente diría que ese acrónimo se aplica a millones de personas. Dado que la escuela no considera que la inteligencia financiera es una forma de inteligencia, la mayo-ría de los trabajadores "vive de acuerdo con sus medios". Ellos trabajan y pagan sus cuentas.

Existe otra horrible teoría de administración que señala que "los trabajado-res trabajan apenas lo suficiente para no ser despedidos, y los dueños pagan apenas lo suficiente para que los trabajadores no renuncien". Y si usted toma en cuenta las escalas de salarios de la mayoría de las compañías, nuevamente diría que existe un cierto grado de verdad en esa afirmación.

El resultado neto es que la mayoría de los trabajadores no salen adelante. Ellos hacen lo que les enseñaron a hacer: "Obtener un trabajo seguro." La mayoría de los trabajadores se enfoca en trabajar por un salario y los benefi-cios que los recompensan en el corto plazo, pero que a menudo es desastroso en el largo plazo.

En vez de lo anterior recomiendo que los jóvenes busquen un trabajo de acuerdo con lo que aprenderán, más que de acuerdo con lo que ganarán. Usted debe ver a la distancia qué habilidades debe adquirir antes de escoger una profesión específica y quedar atrapado en la "carrera de la rata".

Una vez que las personas quedan atrapadas en el proceso de pagar cuentas a lo largo de sus vidas, se convierten en algo parecido a pequeños ratones que corren en el interior de esas pequeñas ruedas de metal. Sus pequeñas piernas peludas corren desesperadamente, la rueda corre veloz, pero al día siguiente siguen en la misma jaula: ¡qué gran trabajo!

En la película *Jerry Maguire*, protagonizada por Tom Cruise, existen muchas escenas con frases grandiosas. Probablemente la más memorable es: "Enséñame el dinero." Pero hay una frase que considero la más verdadera. Tiene lugar en la escena en que Tom Cruise está dejando la compañía. Acaba de ser despedido y está preguntándole a toda la compañía "¿Quién quiere venir conmigo?" Y todo el lugar está en silencio y congelado. Sólo una mujer levanta la voz y dice: "Me gustaría hacerlo, pero me toca un ascenso en tres meses."

Esa afirmación es probablemente la más verdadera de toda la película. Es la clase de afirmación que las personas utilizan para mantenerse ocupadas trabajando para pagar las cuentas. Sé que mi padre educado esperaba con ilusión su aumento de sueldo cada año y cada año quedaba desilusionado. Él regresaba a la escuela y obtenía mejores calificaciones para lograr otro aumento, pero nuevamente volvía con otra desilusión.

La pregunta que le formulo frecuentemente a la gente es: "¿A dónde le está llevando su actividad diaria?" Al igual que el pequeño ratón, me pregunto si la gente percibe a dónde le está llevando su trabajo duro. "¿Qué les depara el futuro?"

Cyril Brickfield, ex director ejecutivo de la Asociación Americana de Jubilados, informa que "las pensiones privadas están en estado de caos. En primer lugar, 50 por ciento de la fuerza laboral no tiene actualmente pensión. Ese solo hecho debería ser motivo de preocupación. Y entre 75 y 80 por ciento del otro 50 por ciento tiene pensiones no efectivas, que pagan 55 dólares o 150 dólares o 300 dólares al mes".

En su libro *The Retirement Myth (El mito del retiro)*, Craig S. Karpel escribe: "He visitado el cuartel general de uno de los despachos de consultoría en pensiones más importantes del país, y me he entrevistado con la directora administrativas, que se especializa en diseñar lujosos planes de retiro para los ejecutivos más altos. Cuando le pregunté qué podrían esperar las personas que no tienen puestos directivos en lo que se refiere al ingreso por pensión, me dijo con una sonrisa confiada: 'la bala de plata'."

—¿Qué es la bala de plata? —le pregunté.

Ella se encogió de hombros: "Si la generación nacida en la posguerra descubre que no tiene suficiente dinero para vivir cuando lleguen a la vejez, siempre podrán pegarse un tiro en la cabeza."

Karpel explica a continuación la diferencia entre los viejos planes de retiro con "Beneficios Definidos" y los nuevos planes conocidos como 401k, que son más riesgosos. La perspectiva que tiene la mayoría de la gente trabajadora actualmente no es agradable. Y eso es sólo el retiro. Cuando se agrega a la imagen los honorarios médicos y el cuidado en hogares geriátricos a largo plazo, la perspectiva es escalofriante. En su libro, publicado en 1995, Karpel indica que los honorarios de los hogares geriátricos ascienden de 30 000 a 125 000 dólares por año. Él acudió a un hogar del área en que vive, limpio y no muy lujoso, y descubrió que el precio era de 88 000 dólares en 1995.

Muchos hospitales en países con medicina socializada necesitan tomar actualmente decisiones difíciles, como "¿quién vivirá y quién morirá?" Ellos toman esas decisiones únicamente con base en cuánto dinero tienen y qué tan viejos son los pacientes. Si el paciente es viejo, a menudo le proporcionan el cuidado médico a alguien más joven. Mientras más viejo es el paciente, más atrás es colocado en la fila. Como los ricos pueden pagar por obtener mejor educación, los ricos podrán mantenerse vivos mientras que los que tengan menos riqueza morirán.

Así que me pregunto: ¿están los trabajadores mirando al futuro o sólo hasta la llegada de su siguiente cheque de sueldo, sin cuestionar jamás a dónde se dirigen?

Cuando hablo con adultos que desean ganar más dinero, siempre recomiendo lo mismo. Les sugiero que miren al futuro de sus vidas. En vez de simplemente trabajar por el dinero y la seguridad, que admitiré que es importante, pero sugiero que busquen un segundo empleo que les enseñe una segunda habilidad. A menudo les recomiendo unirse a una compañía de mercadeo en red, también llamado mercadeo de multinivel, si desean aprender habilidades de ventas. Algunas de esas compañías tienen excelentes programas de capacitación que ayudan a que las personas superen sus miedos al fracaso y al rechazo, que son las principales razones por las que las personas no tienen éxito. La educación es más valiosa que el dinero a largo plazo.

Cuando ofrezco esa sugerencia, a menudo escucho como respuesta: "Oh, eso es demasiada molestia", o "yo sólo deseo hacer aquello en que estoy interesado".

A la afirmación "es demasiada molestia" yo pregunto: "¿Prefiere usted trabajar toda su vida y darle 50 por ciento de lo que gana al gobierno?" Respecto de la otra afirmación: "Yo sólo hago aquello en que estoy interesado", respondo: "Yo no tengo interés en ir al gimnasio, pero voy debido a que me siento mejor y viviré más tiempo."

Desafortunadamente hay algo de verdad en la vieja afirmación: "No puede usted enseñarle nuevos trucos a un perro viejo." A menos que una persona esté acostumbrada al cambio, es difícil cambiar.

Pero para todos aquellos de ustedes que posiblemente están interesados en lo que se refiere a la idea de trabajar para aprender algo nuevo, les ofrezco esta palabra de aliento: la vida se parece mucho a ir al gimnasio. La parte más difícil consiste en decidir asistir. Una vez que supera ese punto, es muy fácil. Ha habido muchos días en que no he querido ir al gimnasio, pero una vez que estoy allí y hago ejercicio, es un placer. Una vez que termino de hacer ejercicio, siempre estoy contento de haberme obligado a ir.

Si usted no está dispuesto a trabajar para aprender algo nuevo e insiste en especializarse en su campo, asegúrese que la compañía para la que trabaja tenga un sindicato. Los sindicatos fueron diseñados para proteger a los especialistas.

Mi padre educado, tras caer de la gracia del gobernador, se convirtió en el líder del sindicato de maestros en Hawai. Me dijo que ése era el trabajo más difícil que jamás había tenido. Mi padre rico, por su parte, pasó toda su vida haciendo su mejor esfuerzo para impedir que sus compañías tuvieran sindicatos. Tuvo éxito. A pesar de que muchos sindicatos se acercaron, mi padre rico siempre fue capaz de ahuyentarlos.

Personalmente, no tomo partido porque puedo percibir la necesidad y los beneficios para ambas partes. Si usted hace lo que la escuela recomienda y se vuelve altamente especializado, entonces busque la protección de un sindicato. Por ejemplo, si yo hubiera continuado con mi carrera como piloto, hubiera buscado empleo en una compañía con un poderoso sindicato de pilotos. ¿Por qué? Porque mi vida habría estado dedicada a aprender una habilidad que es valiosa en una sola industria. Si yo fuera expulsado de esa industria, mis habilidades aprendidas durante la vida no serían tan valiosas en otra industria. Un piloto maduro despedido —con 100 000 horas de vuelo en aviones comerciales de pasajeros y que gane 150 000 dólares al año— habría tenido muchas dificultades para obtener un trabajo que pagara lo mismo como maestro de escuela. Las habilidades no necesariamente pueden ser transferidas de una industria a otra, debido a que las habilidades por las que se paga a los pilotos en la industria aeronáutica no son tan importantes en, digamos, el sistema escolar.

Lo mismo es cierto actualmente incluso para los doctores. Con todos los cambios que han tenido lugar en la medicina, muchos especialistas médicos necesitan formar organizaciones médicas como las denominadas "HMO". Los maestros de escuela definitivamente necesitan ser miembros de un sindicato. Actualmente, en Estados Unidos, el sindicato de maestros es el sindicato más grande y rico de todos. La Asociación Nacional de Educación (NEA, por sus siglas en inglés) ha tenido una enorme influencia política. Los maestros necesitan la protección de su sindicato debido a que sus habilidades también son de valor limitado para una industria ajena a la educación. De manera que la regla es "obtenga una alta especialización e ingrese a un sindicato". Eso es lo más inteligente que puede hacer.

Cuando le pregunto a los asistentes a mis clases "¿cuántos de ustedes pueden cocinar una hamburguesa mejor que las de McDonald's?" casi todos los estudiantes levantan la mano. Y entonces pregunto: "Entonces, si la mayoría de ustedes puede cocinar una mejor hamburguesa, ¿cómo es que McDonald's gana más dinero que ustedes?"

La respuesta es obvia: McDonald's es excelente en lo que se refiere al sistema de negocio. La razón por la que tantas personas talentosas son pobres es porque se enfocan en crear una mejor hamburguesa y saben muy poco o nada sobre sistemas de negocios.

Un amigo mío en Hawai es un gran artista. Gana una cantidad considerable de dinero. Un día el abogado de su madre lo llamó para decirle que ella le había dejado 35 000 dólares. Eso fue lo que quedó de su patrimonio después de que el abogado y el gobierno tomaron sus partes. Inmediatamente, él percibió una oportunidad de incrementar su negocio al utilizar ese dinero para publicidad. Dos meses después, su primer anuncio a cuatro tintas, en plana entera, apareció en una revista cara que se dirigía a los ricos. El anuncio fue publicado durante tres meses. Él no recibió respuesta alguna por el anuncio y perdió toda su herencia. Ahora quiere demandar a la revista por tergiversación.

Éste es un caso común de alguien que puede crear una hamburguesa magnífica, pero que sabe poco de negocios. Cuando le pregunté qué había aprendido, su única respuesta fue que "los vendedores de anuncios son unos ladrones". Le pregunté si estaba dispuesto a tomar un curso en ventas y en mercadotecnia directa. Me respondió: "No tengo tiempo y no quiero gastar mi dinero."

El mundo está lleno de personas talentosas. Con demasiada frecuencia esas personas son pobres o tienen problemas financieros o ganan menos de lo que son capaces, no por lo que saben, sino por lo que no saben. Se concentran en perfeccionar sus habilidades al crear una mejor hamburguesa, en vez de mejorar su habilidad para vender y entregar la hamburguesa. Quizá McDonald's no hace la mejor hamburguesa, pero son los mejores para vender y entregar la hamburguesa básica promedio.

Mi padre pobre quería que yo me especializara. Ésa era su visión sobre cómo obtener más dinero. Incluso después de que el gobernador de Hawai le dijo que no podía trabajar más para el gobierno estatal, mi padre educado continuó alentándome a que me especializara. Mi padre educado se adhirió entonces a la causa del sindicato de maestros y realizó una campaña para proteger y beneficiar a esos profesionistas altamente educados. A menudo discutimos, pero sé que nunca estuvo de acuerdo en que la sobreespecialización era la causa de que fuera necesaria la protección del sindicato. Él nunca comprendió que mientras más especializado es uno, más atrapado y dependiente es de la especialidad.

Mi padre rico nos aconsejó a Mike y a mí que nos preparáramos a nosotros mismos. Muchas corporaciones hacen lo mismo. Encuentran a un joven y brillante estudiante de la escuela de negocios y comienzan a "preparar" a esa persona para que un día se haga cargo de la compañía. De manera que estos jóvenes y brillantes empleados no se especializan en un departamento; son transferidos de un departamento a otro para aprender todos los aspectos del sistema de negocios. Los ricos a menudo "preparan" a sus hijos o a los hijos de otros. Al hacerlo, sus hijos obtienen un conocimiento general de las operaciones de los negocios y cómo se interrelacionan los diversos departamentos.

Para la generación de la segunda Guerra Mundial, era considerado como "malo" saltar de una compañía a otra. Hoy en día se considera inteligente. Dado que los empleados pasan de una compañía a otra, en vez de buscar una especialización más profunda, ¿por qué no procurar lo que puede "aprenderse", en vez de lo que puede "ganarse"? En el corto plazo, puede ganar menos. En el largo plazo puede tener mayores dividendos.

Las principales habilidades administrativas necesarias para el éxito son:

1. La administración del flujo de efectivo.
2. La administración de sistemas (incluyendo a usted mismo y el tiempo con su familia).
3. La administración del personal.

Las habilidades especializadas más importantes son las ventas y la comprensión de la mercadotecnia. Es la capacidad de vender —y por lo tanto de comunicarse con otro ser humano, sea un cliente, empleado, jefe, esposa o hijo— lo que constituye la base del éxito personal. Son las habilidades de comunicación como escribir, hablar y negociar, las que son cruciales para una vida de éxito. Es una habilidad que trabajo constantemente, tomando cursos o adquiriendo cintas educativas para ampliar mis conocimientos.

Como he mencionado anteriormente, mi padre educado trabajó cada vez más duro conforme se hacía más competente. También quedó más atrapado mientras más especializado se volvió. A pesar de que su salario se incrementó, sus opciones disminuyeron. Poco después de que fue despedido de su trabajo en el gobierno, descubrió qué tan vulnerable era en realidad desde el punto de vista profesional. Es como los atletas profesionales que repentinamente sufren una lesión o son demasiado viejos para jugar. Pierden su puesto muy bien pagado y tienen habilidades limitadas que les sirvan de respaldo. Creo que esa es la razón por la que mi padre educado tomó el partido de los sindicatos después de eso. Se dio cuenta de cuánto le hubiera beneficiado un sindicato.

Mi padre rico nos alentó a Mike y a mí a conocer un poco acerca de muchas cosas. Nos alentó a trabajar con personas más inteligentes que nosotros y en lograr que las personas inteligentes trabajaran como equipo. Hoy en día se le llama sinergia de especialidades profesionales.

Actualmente me encuentro con ex maestros de escuela que ganan cientos de miles de dólares al año. Ganan tanto debido a que tienen habilidades especializadas en su campo, así como otras habilidades. Pueden enseñar tan bien como pueden vender o utilizar la mercadotecnia. No conozco otras habilidades que puedan ser más importantes que las ventas y la mercadotecnia. Las habilidades de ventas y mercadotecnia son difíciles para la mayoría de la gente principalmente debido a su miedo al rechazo. Mientras mejor sea usted para comunicarse, negociar y manejar su miedo al rechazo, más fácil le será la vida. El mismo consejo que le di a la escritora del periódico que quería convertirse en "una autora de libros mejor vendidos", se lo doy a todos los demás. Ser una persona con especialidad técnica tiene sus aspectos fuertes al igual que sus debilidades. Tengo amigos que son genios, pero que no pueden comunicarse efectivamente con otros seres humanos y como resultado obtienen ingresos lamentables. Les aconsejo pasar tan sólo un año aprendiendo cómo vender. Incluso si no ganan dinero, sus habilidades de comunicación mejorarán. Y eso no tiene precio.

Además de ser buenos para aprender, para vender y para utilizar la mercadotecnia, necesitamos ser buenos maestros así como buenos estudiantes. Para ser verdaderamente ricos necesitamos ser capaces de dar, así como de recibir. En los casos de dificultades financieras o profesionales, existe a menudo una falta en lo que se refiere a dar y recibir. Conozco muchas personas que son pobres porque no son buenos estudiantes ni buenos maestros.

Mis dos padres fueron hombres generosos. Ambos tenían como costumbre dar primero. La enseñanza era una de sus maneras de dar. Mientras más daban, más recibían. Una diferencia fundamental se refiere a dar dinero. Mi padre rico daba mucho dinero a los demás. Donaba a su iglesia, a la beneficencia, a su fundación. Él sabía que para recibir dinero es necesario dar dinero. Dar dinero es el secreto de muchas familias pudientes. Por eso existen organizaciones como la Fundación Rockefeller y la Fundación Ford. Son organizaciones diseñadas para tomar su riqueza e incrementarla, así como donarla en perpetuidad.

Mi padre educado siempre decía "cuando tengo algo de dinero extra, lo dono". El problema es que nunca había dinero extra. Así que trabajaba más duro para obtener más dinero, en vez de enfocarse en la ley más importante del dinero: "Da, y recibirás." En vez de ello, él creía en "recibe y entonces darás."

En conclusión, yo me convertí en ambos padres. Una parte de mí es un capitalista que ama el juego del dinero que gana dinero. La otra parte es un maestro con responsabilidad social que está profundamente preocupado por la brecha creciente entre los que tienen y los que no. Personalmente acuso como responsable al arcaico sistema educativo.

Superar los obstáculos

Una vez que las personas han estudiado y se han educado desde el punto de vista financiero, es posible que aún encuentren obstáculos para lograr su independencia financiera. Existen cinco razones principales por las que personas con educación financiera no pueden aún desarrollar columnas de activos abundantes, columnas de activos que pueden producir grandes sumas de flujo de efectivo que los liberen para que puedan vivir la vida que sueñan, en vez de trabajar tiempo completo tan sólo para pagar las cuentas. Las cinco razones son:

1. Miedo.
2. Cinismo.
3. Pereza.
4. Malos hábitos.
5. Arrogancia.

Razón Número 1. Superar el miedo de perder dinero. Nunca he conocido a nadie a quien le guste realmente perder dinero. Y en todos mis años nunca he conocido a una persona rica que nunca haya perdido dinero. Pero he conocido a mucha gente pobre que nunca ha perdido 10 centavos... en las inversiones.

El miedo a perder dinero es real. Todos lo tenemos. Incluso los ricos. Pero no es el miedo lo que constituye el problema. Es cómo maneja usted el miedo. Es cómo maneja usted la pérdida. Es cómo maneja usted el fracaso lo que establece la diferencia en la vida de uno. Eso se aplica a todo en la vida, no solamente al dinero. La principal diferencia entre una persona rica y una persona pobre es la manera en que manejan el miedo.

Está bien tener miedo. Está bien ser un cobarde en lo que se refiere al dinero. Aún así, usted puede ser rico. Todos somos héroes en algo y cobardes en algo más. La esposa de mi amigo es enfermera en una sala de emergencias. Cuando ve sangre, se apresura a actuar. Cuando le menciono las inversiones, huye despavorida. Cuando yo veo sangre, no huyo. Me desmayo.

Mi padre rico comprendía las fobias sobre el dinero. "Algunas personas están aterradas con las serpientes. Algunas personas están aterradas sobre perder dinero. Ambas son fobias", decía. Su solución para la fobia ante la posibilidad de perder dinero era el siguiente dicho:

"Si odias el riesgo y te preocupa... comienza temprano."

Por eso los bancos recomiendan el ahorro como un hábito cuando somos jóvenes. Si usted comienza joven, es fácil ser rico. No abordaré el tema aquí, pero existe una gran diferencia entre una persona que comienza a ahorrar a los 20 años y alguien que comienza a los 30. Una enorme diferencia.

Se ha dicho que una de las maravillas del mundo es el poder del interés compuesto. La compra de la isla de Manhattan ha sido considerada como una de las gangas más grandes de todos los tiempos. Nueva York fue adquirida por 24 dólares en baratijas y abalorios. Sin embargo, si esos 24 hubieran sido invertidos al ocho por ciento anual, tendrían un valor de más de 28 billones en 1995. Manhattan sólo podría ser comprada nuevamente con esa suma y quedaría mucho para comprar Los Ángeles, especialmente a los precios inmobiliarios de 1995.

Mi vecino trabaja para una importante compañía de computadoras. Ha estado allí por 25 años. En cinco años más dejará la compañía con cuatro millones en su plan de retiro del tipo "401k". Esta cantidad será invertida principalmente en fondos mutualistas de alto crecimiento, que convertirá en obligaciones y valores gubernamentales. Él tendrá 55 años para entonces y tendrá un flujo de efectivo de más de 300 000 dólares al año, más de lo que gana con su salario. De manera que puede hacerse, incluso si usted aborrece perder o correr riesgos. Pero debe comenzar temprano y definitivamente establecer un plan de retiro, y contratar a un planificador financiero en quien confíe para guiarle antes de invertir en nada.

Pero ¿qué pasa si usted no tiene mucho tiempo disponible o desearía retirarse temprano? ¿Cómo puede usted manejar el miedo a perder dinero?

Mi padre pobre no hizo nada. Simplemente evitó enfrentar el tema y se negó a conversar sobre la materia.

Mi padre rico, por otra parte, me recomendó que pensara como un tejano. "Me gustan Texas y los tejanos", solía decir. "En Texas, todo es más grande. Cuando Texas gana, gana en grande. Y cuando pierde, es espectacular."

—¿Les gusta perder? —pregunté.

—Eso no es lo que estoy diciendo. A nadie le gusta perder. Muéstrame a un perdedor contento, y yo te mostraré a un perdedor —dijo mi padre rico—. Es la actitud de los tejanos acerca del riesgo, la recompensa y el fracaso, a lo que me refiero. Es la manera en que manejan la vida. Ellos viven a lo grande. No como la mayoría de la gente por aquí, que vive como cucarachas en lo que se refiere al dinero. Cucarachas aterradas de que alguien encenderá la luz, doliéndose cuando el empleado de la tienda de alimentos comete un error de 25 centavos en el cambio.

Mi padre rico siguió su explicación.

—Lo que más me gusta es la actitud de Texas. Ellos están orgullosos cuando ganan y se jactan cuando pierden. Los tejanos tienen un dicho: "Si vas a quebrar, quiebra en grande." No quieres admitir que quebraste por un dúplex. La mayoría de la gente en los alrededores tienen tanto miedo de perder, que no tienen siquiera un dúplex por el cual quebrar.

Él nos decía constantemente a Mike y a mí que la razón más importante de la falta de éxito financiero era que la mayoría de la gente jugaba demasiado a lo seguro. "La gente está tan temerosa de perder que de hecho pierde", eran sus palabras.

Fran Tarkenton, alguna vez un gran jugador de la Liga Nacional de Fútbol Americano, lo dice de otra manera: "Ganar significa no tener miedo de perder."

En mi propia vida he notado que mis victorias generalmente siguen a mis derrotas. Antes de finalmente aprender a andar en bicicleta, me caí muchas veces. Jamás he conocido a un jugador de golf que nunca haya perdido una pelota. Nunca he conocido a alguien que se haya enamorado sin que antes haya quedado con el corazón destrozado. Y nunca he conocido a alguien que sea rico y que nunca haya perdido dinero.

Así que para la mayoría de la gente, la razón por la que no ganan desde el punto de vista financiero es porque el dolor de perder dinero es mucho más grande que la alegría de ser rico. Otro dicho de Texas es: "Todos quieren ir al cielo, pero nadie quiere morir." La mayoría de la gente sueña con volverse rica, pero está aterrada de perder dinero. Así que nunca van al cielo.

Mi padre rico solía contarnos historias a Mike y a mí sobre sus viajes a Texas. "Si realmente quieres aprender la actitud de cómo manejar riesgo, pérdida y fracaso, ve a San Antonio y visita El Álamo. El Álamo es una gran historia de personas valientes que prefirieron luchar, sabiendo que no había esperanza de éxito contra posibilidades abrumadoras. Escogieron morir en vez de rendirse. Es una historia inspiradora, digna de estudio; sin embargo, sigue siendo una trágica derrota militar. Les dieron una patada en el trasero. Un fracaso, si ustedes quieren. Ellos perdieron. ¿Y cómo manejan los tejanos su fracaso? Todavía gritan: "Recuerden El Álamo."

Mike y yo escuchamos muchas veces esa historia. Siempre nos contaba esa historia cuando estaba a punto de celebrar un trato importante y estaba nervioso. Después de haber hecho su investigación previa y era el momento de tomar una decisión, nos contaba esa historia. Cada vez que tenía miedo de cometer un error o de perder dinero, nos contaba esa historia. Le daba fuerza, porque le recordaba que siempre podía convertir una pérdida financiera en una ganancia financiera. Mi padre rico sabía que el fracaso sólo lo haría ser más fuerte y más inteligente. No es que quisiera perder; sólo sabía quién era él y cómo aceptaría una pérdida. Aceptaría una pérdida y la convertiría en una ganancia. Eso es lo que hacía que él fuera un ganador y los otros fueran perdedores. Le daba el valor para cruzar la línea cuando los demás habían retrocedido. "Por eso me gustan tanto los tejanos. Aceptaron un gran fracaso y lo convirtieron en un destino turístico que les produce millones."

Pero probablemente las palabras que tienen más significado para mí actualmente son estas: "Los tejanos no entierran sus fracasos. Se inspiran en ellos. Aceptan esos fracasos y los convierten en gritos de guerra. El fracaso alienta a los tejanos a convertirse en ganadores. Pero esa fórmula no sólo es una fórmula para los tejanos. Es una fórmula para todos los ganadores."

De la misma forma digo que caerme de mi bicicleta fue parte del aprendizaje de andar en bicicleta. Recuerdo que haberme caído sólo ocasionó que estuviera más decidido a andar en bicicleta. No menos. También dije que nunca he conocido a un golfista que nunca haya perdido una pelota. Para ser un golfista profesional de alto nivel, perder una bola o un torneo sólo alienta a los golfistas a ser mejores, practicar más, estudiar más. Eso es lo que los hace mejorar. A los ganadores las pérdidas los alientan. A los perdedores las pérdidas los derrotan.

Para citar a John D. Rockefeller: "Siempre he tratado de convertir cada desastre en una oportunidad."

Y siendo un estadounidense de origen japonés, puedo decir esto. Muchas personas afirman que el ataque a Pearl Harbor fue un error estadounidense. Yo digo que fue un error japonés. En la película *Tora, Tora, Tora*, un sombrío almirante japonés le dice a sus jubilosos subordinados: "Temo que hemos despertado a un gigante dormido." La frase: "Recuerden Pearl Harbor", se convirtió en un grito de batalla. Convirtió una de las más grandes pérdidas de Estados Unidos en una razón para ganar. Esta gran derrota le dio fortaleza a Estados Unidos y pronto se convirtió en una potencia mundial.

El fracaso inspira a los ganadores. Y el fracaso derrota a los perdedores. Ése es el secreto más grande de los ganadores. Ése es el secreto que los perdedores no conocen. El más grande secreto de los ganadores es que el fracaso les inspira para ganar; por lo tanto, no tienen miedo de perder. Repitiendo la cita de Fran Tarkenton: "Ganar significa no tener miedo de perder." Las personas como Fran Tarkenton no tienen miedo de perder porque saben quiénes son. Ellos odian perder, así que saben que perder sólo los inspirará para ser mejores. Existe una gran diferencia entre odiar la pérdida y tener miedo de perder. La mayoría de las personas tienen tanto miedo de perder dinero que pierden. Van a la bancarrota por un dúplex. Desde el punto de vista financiero juegan la vida demasiado a lo seguro y demasiado a lo pequeño. Compran grandes casas y grandes automóviles, pero no hacen grandes inversiones. La principal razón de que 90 por ciento del público estadounidense tenga problemas financieros es porque juegan a no perder. No juegan a ganar.

Acuden a los planificadores financieros o a los contadores o los corredores de bolsa y adquieren un portafolios balanceado. La mayoría tiene mucho efectivo en fondos comunes, obligaciones de bajo rendimiento, fondos de inversión que pueden ser intercambiados en una misma familia de fondos, y unas cuantas acciones individuales. Es un portafolios seguro y sensato. Pero no es un portafolios ganador. Es un portafolios de alguien que juega a no perder.

No me malinterpreten. Es probablemente un mejor portafolios que el que tiene 70 por ciento de la población y eso es aterrador. Porque un portafolios seguro es mucho mejor que no tenerlo. Es un gran portafolios para alguien que ama la seguridad. Pero jugar a lo seguro y tener una cartera de inversiones "equilibrada" no es la manera en que los inversionistas exitosos juegan el juego. Si tiene usted poco dinero y desea ser rico, en primer lugar debe estar "concentra-do", no ser "equilibrado". Si considera a cualquier persona exitosa, en sus comienzos no eran "equilibrados". La gente equilibrada no llega a ninguna parte. Permanece en el mismo lugar. Para avanzar, usted debe primero ser "desequili-brado". Tan sólo considere la manera en que avanza cuando camina.

Thomas Edison no era equilibrado. Era un hombre enfocado. Bill Gates no era equilibrado. Era enfocado. Donald Trump es enfocado. George Soros es enfocado. George Patton no diseminó sus tanques; los enfocó y lanzó contra los puntos débiles de la línea alemana. Los franceses se diseminaron con la Línea Maginot y usted sabe lo que les pasó.

Si usted tiene algún deseo de ser rico, debe ser enfocado. Ponga muchos de sus huevos en muy pocas canastas. No haga lo que los pobres y la clase media hacen: ponen pocos huevos en muchas canastas.

Si usted odia perder, juegue a lo seguro. Si perder lo debilita, juegue a lo seguro. Realice inversiones equilibradas. Si usted tiene más de 25 años de edad y le aterran los riesgos, no cambie. Juegue a lo seguro, pero comience pronto. Comience a acumular sus huevos temprano porque le tomará tiempo.

Pero si usted tiene sueños de libertad —de salir de la "carrera de la rata"— la primera pregunta que debe formularse es: "¿Cómo reacciono ante el fraca-so?" Si el fracaso lo inspira a ganar, quizá deba hacer el intento; pero sólo quizá. Si el fracaso lo debilita o le provoca berrinches —como niños malcria-dos que llaman al abogado para presentar una demanda cada vez que las cosas no marchan como quieren—, entonces juegue a lo seguro. Conserve su em-pleo. O compre obligaciones o fondos mutualistas. Pero recuerde, también existe riesgo en esos instrumentos financieros, a pesar de que son más seguros.

He dicho todo lo anterior, y mencionado a Texas y a Fran Tarkenton, por-que acumular en la columna de activos es fácil. Se trata de un juego que de-manda pocas aptitudes. No se requiere mucha educación. Es posible hacerlo con matemáticas de quinto grado. Pero arriesgar la columna de activos de-manda mucha actitud. Se necesita estómago, paciencia y una gran actitud respecto del fracaso. Los perdedores evitan el fracaso. Y el fracaso convierte a los perdedores en ganadores. Tan sólo recuerden El Álamo.

RAZÓN NÚMERO 2. Superar el cinismo. "El cielo está cayendo. El cielo está cayendo." Muchos de nosotros conocemos la historia del pollito que corría alrededor del granero alertando a todos de la catástrofe inminente.

Todos conocemos personas que son así. Pero todos llevamos un "pollito" en nuestro interior.

Como dije anteriormente, el cínico es en realidad un pollito. Todos tenemos pollito cuando el miedo y la duda obnubilan nuestro pensamiento.

Todos nosotros tenemos dudas. "No soy inteligente." "No soy lo suficientemente bueno." "Fulano y zutano son mejores que yo." O nuestras dudas a menudo nos paralizan. Practicamos el juego de: "¿Y qué pasa si...?" "¿Qué pasa si la economía entra en crisis justo después de que yo invierta?" O "¿Qué pasa si pierdo el control y no puedo pagar el préstamo?" "¿Qué pasa si las cosas no marchan como he planeado?" O tenemos amigos o seres queridos que nos recuerdan nuestras carencias sin que nosotros les preguntemos sobre ellas. A menudo dicen: "¿Qué te hace pensar que puedes hacer eso?" O bien: "Si es una idea tan buena, ¿cómo es que nadie más ha pensado en eso?" O bien: "Eso no va a funcionar nunca. No sabes de lo que estás hablando." Esas palabras de duda son a menudo tan poderosas que nos impiden actuar. Un horrible sentimiento se acumula en nuestro estómago. En ocasiones no podemos dormir. No podemos avanzar. De manera que permanecemos en lo que es seguro y desaprovechamos las oportunidades. Miramos pasar la vida y nos sentamos inmovilizados como si tuviéramos un nudo helado en nuestro cuerpo. Todos hemos sentido esto alguna vez en nuestras vidas, algunos más que otros.

Peter Lynch, del fondo de inversión Fidelity Magellan, se refiere a las advertencias de que el cielo está cayendo como un "ruido" que todos oímos.

El "ruido" es creado en nuestras cabezas o procede del exterior. A menudo de amigos, familiares, compañeros de trabajo y los medios de comunicación. Lynch recuerda la época durante los años cincuenta cuando la amenaza nuclear era tan constante en las noticias que las personas comenzaron a construir refugios y a almacenar alimentos y agua. Si hubieran invertido ese dinero sabiamente en el mercado, en vez de construir un refugio antibombas, probablemente serían más independientes hoy en día desde el punto de vista financiero.

Cuando se desataron los disturbios de Los Ángeles hace algunos años, las ventas de armas de fuego se incrementaron en todo el país. Una persona muere por comer carne molida cruda en el Estado de Washington y el Departamento de Salud de Arizona ordena a los restaurantes que toda la carne de res sea servida bien cocida. Una compañía farmacéutica coloca un anuncio en la televisión nacional que muestra a personas contrayendo el catarro. El anuncio se transmite en febrero. El índice de catarros aumenta así como las ventas de su medicina contra el catarro.

La mayoría de la gente es pobre porque, cuando se trata de invertir, el mundo está lleno de pollitos que corren por todas partes gritando: "El cielo se está cayendo, el cielo se está cayendo." Y los pollitos son efectivos porque todos nosotros somos un pollito. A menudo se necesita mucho valor para no permitir que los rumores y las versiones catastróficas aumenten nuestras dudas y temores.

En 1992, un amigo llamado Richard vino desde Boston para visitarnos a mi esposa y a mí en Phoenix. Estaba impresionado por lo que habíamos hecho con los bienes raíces y las acciones. Los precios de los bienes raíces en Phoenix estaban deprimidos. Pasamos dos días mostrándole lo que pensamos que eran excelentes oportunidades para el flujo de efectivo y la apreciación de capital.

Ni mi esposa ni yo somos agentes de bienes raíces. Somos estrictamente inversionistas. Tras identificar un inmueble en una comunidad de descanso, llamamos a un agente que se lo vendió esa tarde. El precio fue de sólo 42 000 dólares por una casa de dos recámaras. Otras viviendas similares se vendían en 65 000 dólares. Había encontrado una ganga. Emocionado, la compró y regresó a Boston.

Dos semanas más tarde, el agente llamó para decirnos que nuestro amigo había dado marcha atrás en el trato. Lo llamé inmediatamente para averiguar por qué. Todo lo que dijo es que habló con su vecino y que el vecino le dijo que era un mal negocio. Estaba pagando demasiado.

Le pregunté a Richard si su vecino era un inversionista. Richard dijo que "no". Cuando le pregunté por qué lo escuchaba, Richard se puso a la defensiva y dijo que simplemente deseaba seguir buscando.

El mercado de bienes raíces de Phoenix se recuperó y hacia 1994 esa pequeña vivienda estaba rentándose por 1 000 dólares al mes; 2 500 dólares durante los meses punta en invierno. La vivienda valía 95 000 dólares en 1995. Todo lo que Richard desembolsó fueron 5 000 dólares y hubiera tenido una salida de la "carrera de la rata". Hoy en día todavía no ha hecho nada. Y las gangas en Phoenix todavía están allí; sólo tiene usted que buscar mucho más.

La retractación de Richard no me sorprendió. Se le llama "remordimiento del comprador" y nos afecta a todos. Son esas dudas las que nos influyen. El pollito gana, y la oportunidad de obtener la libertad se pierde.

En otro ejemplo, yo tengo una pequeña parte de mis activos en certificados de garantía sobre deudas fiscales, en vez de fondos comunes. Obtengo

16 por ciento de rendimiento sobre mi dinero, que ciertamente supera el cinco por ciento que ofrecen los bancos. Los certificados están asegurados por bienes raíces y su cobro es apoyado por las leyes estatales, lo cual es también mejor que la mayoría de los bancos. La fórmula con que se compran los hace seguros. Simplemente carecen de liquidez. De manera que los considero como si fueran inversiones a plazo fijo a entre 2 y 7 años. Cada vez que le digo a alguien, especialmente a aquellos que tienen su dinero en inversiones a plazo fijo, que tengo mi dinero colocado de esta forma, me dicen que es demasiado arriesgado. Me dicen que no debería hacerlo. Cuando les pregunto dónde han obtenido su información, me dicen que de un amigo o una revista sobre inversiones. Nunca lo han hecho, y le están diciendo a alguien que sí lo ha hecho que no debe hacerlo. El rendimiento más bajo que yo busco es 16 por ciento, pero las personas que están llenas de dudas están dispuestas a aceptar cinco por ciento. Las dudas son caras.

Mi argumento es que son esas dudas y el cinismo lo que hace que la mayoría de la gente sea pobre y juegue a lo seguro. El mundo real simplemente está esperando a que usted se vuelva rico. Sólo las dudas de una persona la mantienen pobre. Como dije antes, es fácil desde el punto de vista técnico salir de la "carrera de la rata". No se requiere de mucha educación, pero esas dudas inmovilizan a la mayoría de las personas.

"Los cínicos nunca ganan", decía mi padre rico. "Las dudas y temores que no son vencidos crean al cínico." "El cínico critica y los ganadores analizan", era otro de sus dichos favoritos. Mi padre rico señalaba que la crítica ciega mientras que el análisis abre los ojos. El análisis permitió que los ganadores vieran que los críticos estaban ciegos, ésto les permite ver oportunidades que todos los demás desaprovechan. Y descubrir aquello que los demás pasan por alto es la clave para cualquier éxito.

El mercado de bienes raíces es una poderosa herramienta de inversión para cualquiera que busque la independencia o la libertad financiera. Es una herramienta de inversión única. Sin embargo, cada vez que menciono los bienes raíces como un medio, a menudo escucho la frase "yo no quiero destapar excusados". Eso es lo que Peter Lynch llama "ruido". Eso es lo que mi padre rico diría que es un cínico hablando. Alguien que critica y que no analiza. Alguien que permite que sus dudas y miedos cierren su mente en vez de abrir sus ojos.

Así que cuando alguien dice "no quiero destapar excusados", yo deseo responder: "¿Y qué te hace pensar que yo deseo hacerlo?" Lo que están diciendo es que un excusado es más importante que lo que ellos quieren. Yo les hablo de liberarse de la "carrera de la rata" y ellos se enfocan en los excusados. Ese es el patrón de pensamiento que mantiene a la mayor parte de la gente en la pobreza. Ellos critican en vez de analizar.

"Los 'no quiero' impiden que obtengas éxito", diría mi padre rico.

Porque yo tampoco quiero destapar los excusados, busco a un administrador de propiedades que sí arregle los excusados. Y cuando encuentro a un buen administrador de propiedades que dirige casas o apartamentos, bueno, mi flujo de efectivo se incrementa. Pero más importante es un gran administrador de propiedades que me permite comprar más bienes raíces porque no tengo que arreglar excusados. Un gran administrador de propiedades es la clave del éxito en los bienes raíces. Encontrar a un buen administrador es más importante para mí que los bienes raíces mismos. Un gran administrador inmobiliario a menudo escucha de buenos negocios antes que los agentes de bienes raíces, lo que los hace aún más valiosos.

A eso se refería mi padre rico cuando decía que "los 'no quiero' impiden que obtengas el éxito". Dado que yo tampoco quiero destapar los excusados, he averiguado la manera de comprar más bienes raíces y acelerar mi salida de la "carrera de la rata". La gente que continúa diciendo "no quiero arreglar excusados" a menudo se niega a sí misma el uso de ese poderoso medio de inversión. Los excusados son más importantes que su libertad.

En el mercado bursátil, a menudo escucho a personas que dicen "no quiero perder dinero". Bien, ¿qué les hace pensar que a mí o a alguien más le gusta perder dinero? Ellos no ganan dinero porque escogen no perder dinero. En vez de analizar, cierran sus mentes a otro poderoso medio de inversión, el mercado de valores.

En diciembre de 1996 yo pasaba con un amigo cerca de la estación de gasolina de nuestro vecindario. Él volteó a mirar y advirtió que el precio del petróleo estaba subiendo. Mi amigo es un "pollito". Para él, el cielo siempre se está cayendo y generalmente así ocurre, sobre él.

Cuando llegamos a casa, me mostró todas las estadísticas de por qué el precio del petróleo iba a subir durante los próximos años. Estadísticas que yo nunca antes había visto, a pesar de que ya poseía un paquete importante de acciones de una compañía petrolera. Con esa información, inmediatamente comencé a buscar y encontrar una nueva compañía petrolera subvaluada que estaba a punto de encontrar algunos depósitos de petróleo. Mi corredor estaba emocionado acerca de esa nueva compañía y yo compré 15 000 acciones a 65 centavos cada una.

En febrero de 1997, ese mismo amigo y yo conducíamos cerca de la misma estación de gasolina y efectivamente el precio del galón había subido casi 15 por ciento. Nuevamente el "pollito" estaba preocupado y se quejaba. Yo sonreí porque en enero de 1997 esa pequeña compañía petrolera había encontrado petróleo y las acciones subieron a más de 3 dólares por acción desde el momento en que él me había dado la información. Y el precio de la gasolina continuará subiendo, si lo que dice mi amigo es verdad.

En vez de analizar, los pequeños pollitos cierran sus mentes. Si la mayor parte de la gente comprendiera cómo funciona una orden de "alto" en la inversión bursátil, habría más gente invirtiendo para ganar en vez de invertir para no perder. Una orden de "alto" es simplemente un comando de computadora que vende sus acciones automáticamente si el precio comienza a bajar, lo que ayuda a minimizar sus pérdidas y maximizar sus ganancias. Es una gran herramienta para aquellos que están aterrados de perder.

De manera que cuando escucho a personas que se enfocan en sus "no quiero", en vez de en aquello que quieren, sé que el "ruido" en su cabeza debe tener un gran volumen. El "pollito" se ha apoderado de su cerebro y está gritando: "El cielo se está cayendo y los excusados se están descomponiendo." Así que evitan sus "no quiero", pero pagan un precio enorme. Es posible que nunca logren lo que quieren en la vida.

Mi padre rico me dio una perspectiva del "pollito". "Sólo haz lo que hacía el coronel Sanders." A la edad de 66 años perdió su negocio y comenzó a vivir de su cheque de la seguridad social. No era suficiente. Recorrió el país tratando de vender su receta para el pollo frito. Lo rechazaron 1 009 veces antes de que alguien dijo "sí". Y se convirtió en multimillonario a una edad en que la mayoría de las personas está retirándose. "Era un hombre valiente y tenaz", decía mi padre rico acerca de Harlan Sanders.

Así que cuando usted tenga dudas y se sienta un poco temeroso, haga lo que hizo el coronel Sanders con su pequeño pollito. Lo frió.

RAZÓN NÚMERO 3. Pereza. Las personas más ocupadas a menudo son las más perezosas. Todos hemos escuchado historias de un hombre de negocios que trabaja duro para ganar dinero. Trabaja duro para proveer bien a su esposa e hijos. Pasa muchas horas en la oficina y lleva trabajo a casa los fines de semana. Un día llega a casa y la encuentra vacía. Su esposa se ha marchado con los niños. Él sabía que tenía problemas con su esposa, pero en vez de trabajar para fortalecer la relación, se quedó ocupado en el trabajo. Desmoralizado, su desempeño en el trabajo se desploma y pierde su empleo.

Actualmente conozco a menudo a personas que están demasiado ocupadas para ocuparse de su riqueza. Y existen personas que están demasiado ocupadas para hacerse cargo de su salud. La causa es la misma. Están ocupadas y permanecen ocupadas como una forma de evitar algo que no quieren encarar. Nadie se los ha dicho. Muy en el fondo lo saben. De hecho, si usted se los recuerda, a menudo reaccionan con ira o irritación.

Si no están ocupados con el trabajo o con los hijos, a menudo están ocupados mirando la televisión, pescando, jugando golf o de compras. Sin embargo, muy en el fondo saben que están evitando algo importante. Ésa es la forma más común de pereza. La pereza que mantiene ocupada a la gente.

¿Cuál es la cura para esa pereza? La respuesta es un poco de ambición.

Muchos de nosotros fuimos criados bajo la idea de que la ambición o el deseo son malos. "La gente codiciosa es mala" solía decir mi mamá. Sin embargo, todos llevamos dentro ese deseo de poseer cosas bonitas, nuevas o emocionantes. Así que para mantener esa emoción de deseo bajo control, a menudo los padres encuentran maneras de suprimir ese deseo con culpa.

"Tú sólo piensas en ti mismo. ¿No sabes que tienes hermanos y hermanas?", era una de las frases favoritas de mi mamá. O bien, "¿que quieres que te compre qué?" era una de las favoritas de mi papá. "¿Crees que estamos hechos de dinero? ¿Crees que el dinero crece en los árboles? No somos ricos, ¿sabes?"

No eran tanto las palabras sino la relación con la culpa y la ira lo que hacían que esas palabras me influyeran.

O lo contrario al sentimiento de culpa era: "He sacrificado mi vida para comprarte esto. Estoy comprándote esto porque yo nunca lo tuve cuando era niño." Yo tengo un vecino que está totalmente quebrado, pero que no puede guardar su automóvil en la cochera porque está retacada con juguetes para sus hijos. Esos niños malcriados reciben todo lo que piden. "No quiero que conozcan como se siente querer algo", son sus palabras cotidianas. No ha ahorrado nada para mandarlos a la universidad o para su propio retiro, pero sus hijos tienen todo juguete jamás fabricado. Recientemente recibió una nueva tarjeta de crédito en el correo y llevó a sus hijos a visitar Las Vegas. "Estoy haciendo esto por los chicos", dijo con gran sacrificio.

Mi padre rico prohibía las palabras "no puedo comprarlo".

En mi casa verdadera, eso es todo lo que yo escuchaba. En vez de decir lo anterior, mi padre rico exigía que sus hijos dijeran "¿cómo puedo comprarlo?" De acuerdo con sus ideas, las palabras "no puedo comprarlo" apagaban nuestro cerebro. El cerebro no tenía que pensar más. "¿Cómo puedo comprarlo?", hacía funcionar al cerebro. Lo obligaba a pensar y buscar las respuestas.

Pero más importante aún, él sentía que las palabras "no puedo comprarlo" eran una mentira. Y el espíritu humano lo sabe. "El espíritu humano es muy, muy poderoso", decía. "Sabe que puede hacerlo todo." Al tener una mente perezosa que dice "no puedo comprarlo", estalla una guerra en su interior. Su espíritu está enfadado y su mente perezosa debe defender su mentira. El espíritu está gritando: "Vamos. Vamos al gimnasio y hagamos ejercicio." Y la mente perezosa dice: "Pero estoy muy cansada. He trabajado mucho el día de hoy." O bien el espíritu humano dice "estoy harto de ser pobre. Vamos afuera y hagámonos ricos". A lo que la mente perezosa responde: "Los ricos son ambiciosos. Además, es demasiada molestia. No es seguro. Puedo perder dinero. Estoy trabajando muy duro tal y como están las cosas. Tengo demasiadas cosas que hacer en el trabajo de cualquier manera. Mira todo lo que tengo que hacer esta noche. Mi jefe lo quiere terminado por la mañana."

"No puedo comprarlo", también invoca la tristeza. El desconsuelo que conduce a la desesperanza y a menudo a la depresión. "Apatía" es otra palabra. "¿Cómo puedo comprarlo?" abre las posibilidades, la emoción y los sueños. Así que mi padre rico no estaba preocupado acerca de lo que quería comprar; el "¿cómo puedo comprarlo?", creaba una mente más poderosa y un espíritu dinámico.

En consecuencia, rara vez nos daba algo a Mike o a mí. En vez de ello preguntaba: "¿cómo pueden comprarlo?" y eso incluía la educación universitaria, que nosotros mismos pagamos. No era la meta, sino el proceso de lograr la meta, lo que él deseaba que aprendiéramos.

El problema que detecto hoy en día es que existen millones de personas que se sienten culpables acerca de su ambición. Es un viejo condicionamiento que data de su infancia. Su deseo de tener las cosas más finas que la vida ofrece. La mayoría ha sido condicionada subconscientemente para decir "no puedes tener eso" o "nunca podrás comprarlo".

Cuando decidí salir de la "carrera de la rata", lo hice simplemente con una pregunta: "¿Cómo puedo hacer para no trabajar nunca más?" Y mi mente comenzó a formular respuestas y soluciones. La parte más difícil consistió en combatir el dogma de mis verdaderos padres de que "no podemos comprar eso" o "deja de pensar sólo en tí mismo" o "¿por qué no piensas en los demás?" y otras frases similares diseñadas para inculcar el sentimiento de culpa y reprimir mi ambición.

¿Cómo puede usted derrotar la pereza? La respuesta es: con un poco de ambición. Es como esa estación de radio WII-FM, que afirma "What's In It For Me?" ("¿Qué hay para mí?"). Una persona necesita sentarse y preguntar: "¿Qué hay para mí si estoy sano, soy sexy y apuesto?" O bien, "¿cómo sería mi vida si nunca tuviera que trabajar nuevamente?", o "¿qué haría si tuviera todo el dinero que necesito?" Sin un poco de ambición, sin el deseo de tener algo mejor, no se progresa. Nuestro mundo progresa debido a que todos deseamos una vida mejor. Se crean nuevos inventos porque deseamos algo mejor. Vamos a la escuela y estudiamos duro porque queremos algo mejor. Así que cuando se encuentre evitando algo que sabe que debería estar haciendo, entonces lo único que debe preguntarse es: "¿Qué hay para mí?" Sea ligeramente codicioso. Ésa es la mejor cura para la pereza.

Demasiada ambición, por otra parte, como cualquier cosa en exceso, no es buena. Pero sólo recuerde lo que Michael Douglas dijo en la película *Wall Street:* "La ambición es buena." Mi padre rico lo decía de manera distinta: "La culpa es peor que la ambición. La culpa despoja al cuerpo de su alma." Y para mí, Eleanor Roosevelt lo dijo mejor: "Haz lo que tu corazón sienta que es lo correcto; serás criticado de cualquier forma. Te maldecirán si lo haces y te maldecirán si no lo haces."

RAZÓN NÚMERO 4. Hábitos. Nuestras vidas son un reflejo de nuestros hábitos más que nuestra educación. Después de ver la película *Conan*, estelarizada por Arnold Schwarzenegger, un amigo me dijo: "Me encantaría tener un cuerpo como el de Schwarzenegger." La mayoría de los amigos asintieron con la cabeza.

—Incluso he escuchado que era flaco y enclenque antes —añadió otro amigo.

—Sí, yo he escuchado lo mismo —agregó otro—. He escuchado que tenía el hábito de entrenar casi todos los días en el gimnasio.

—Sí, puedo apostar que debe hacerlo.

—No —dijo el cínico del grupo—. Puedo apostar que nació de esa forma. Además, dejemos de hablar acerca de Arnold y consigamos unas cervezas.

Éste es un ejemplo de los hábitos que controlan la conducta. Recuerdo haber preguntado a mi padre rico acerca de los hábitos de los ricos. En vez de responderme directamente, quería que aprendiera por medio de un ejemplo, como de costumbre.

—¿Cuándo paga sus cuentas tu padre? —me preguntó mi padre rico.

—El primer día del mes —le dije.

—¿Le sobra algo? —me preguntó.

—Muy poco —respondí.

—Ésa es la principal razón por la que tiene dificultades —dijo mi padre rico—. Tiene malos hábitos. Tu padre paga a todos los demás primero. Se paga a sí mismo al final, pero sólo si le queda algo.

—Lo que generalmente no ocurre —le dije—. Pero él tiene que pagar sus cuentas, ¿no es así? ¿Me estás diciendo que no debe pagar sus cuentas?

—Desde luego que no —dijo mi padre rico—. Creo firmemente en pagar mis cuentas a tiempo. Simplemente me pago a mí mismo primero. Antes incluso de pagarle al gobierno.

—¿Y qué pasa si no tienes suficiente dinero? —le pregunté— ¿Qué haces entonces?

—Lo mismo —me dijo mi padre rico—. Me pago primero. Incluso si me falta dinero. Mi columna de activos es más importante para mí que el gobierno.

—Pero —le pregunté— ¿No vienen a buscarte?

—Sí, si no pagas —dijo mi padre rico—. Mira, yo no dije que no pagara. Yo simplemente dije que me pago primero, incluso si me falta dinero.

—¿Pero cómo lo haces? —volví a preguntar.

—No es cómo. La pregunta es "por qué" —dijo mi padre rico.

—Muy bien. ¿Por qué?

—Motivación —dijo mi padre rico— ¿Quién crees que se quejaría más fuerte si yo no les pagara a mis acreedores, ellos o yo?

—Tus acreedores gritarían más que tú —le dije, respondiendo lo obvio—. Tú no te dirías nada si no te pagaras a tí mismo.

—Así puedes ver que, después de pagarme a mí mismo, la presión para pagar mis impuestos y a mis otros acreedores es tan grande que me obliga a buscar otras formas de ingreso. La presión por pagar se convierte en mi motivación. He trabajado en otros empleos, comenzado otras compañías, comprado y vendido en la bolsa de valores, cualquier cosa sólo para asegurarme que esos tipos no comenzarán a gritarme. Esa presión me hace trabajar más duro, me obliga a pensar y en general me hace más inteligente y más activo en lo que se refiere al dinero. Si me pagara al último, no sentiría la presión, pero estaría quebrado.

—Así que es el miedo al gobierno y a las otras personas a quienes debes lo que te motiva.

—Así es —dijo mi padre rico—. Mira, los recaudadores de impuestos del gobierno son unos rufianes. También lo son los recolectores de deudas en general. La mayoría de la gente se deja amedrentar. Les pagan, pero no se pagan a sí mismos. Tú conoces la historia de un flaco de 44 kilogramos de peso a quien arrojaron arena en el rostro.

Asentí.

—Veo ese anuncio sobre levantamiento de pesas y lecciones de físico-culturismo en los libros de tiras cómicas todo el tiempo.

—Bien, la mayor parte de la gente deja que los rufianes arrojen arena en sus rostros. Yo decidí utilizar el miedo al rufián para hacerme más fuerte. Otros se hacen más débiles. Obligarme a pensar en cómo conseguir dinero extra es como ir al gimnasio y trabajar con las pesas. Mientras más ejercito mis "músculos mentales del dinero", más fuerte soy. Ahora no tengo miedo de esos rufianes.

Me gustaba lo que mi padre rico estaba diciendo.

—De manera que si primero me pago a mí mismo, me vuelvo más fuerte desde el punto de vista financiero, mental y fiscal.

Mi padre rico estuvo de acuerdo.

—Y si me pago al final, o no me pago en absoluto, me debilito. Y de esa manera los jefes, gerentes, recaudadores de impuestos, cobradores de deudas y caseros hacen lo que quieren conmigo. Sólo porque no tengo buenos hábitos monetarios.

Mi padre rico asintió nuevamente y agregó:

—Igual que al flaco de 44 kilogramos.

Razón Número 5. Arrogancia. La arrogancia es el ego más la ignorancia.

"Lo que sé, me hace ganar dinero. Lo que no sé, me hace perder dinero. Cada vez que he sido arrogante, he perdido dinero, porque cuando soy arrogante verdaderamente creo que lo que no sé no es importante", solía decirme frecuentemente mi padre rico.

He descubierto que muchas personas utilizan la arrogancia para tratar de ocultar su propia ignorancia. A menudo ocurre cuando estoy discutiendo declaraciones financieras con contadores o incluso con otros inversionistas.

Ellos tratan de imponerse en la discusión mediante la fanfarronería. Para mí es claro que ellos no saben de qué están hablando. No están mintiendo, pero tampoco están diciendo la verdad.

Hay muchas personas en el mundo del dinero, las finanzas y las inversiones que no tienen la más remota idea de lo que están hablando. La mayoría de la gente en la industria del dinero utiliza frases pegajosas como si fueran vendedores de autos usados.

Cuando usted sepa que ignora un tema, comience por educarse a sí mismo; busque un experto en el campo o consiga un libro sobre la materia.

Para comenzar

Me gustaría decir que la adquisición de riqueza fue sencilla para mí, pero no lo fue.

En respuesta a la pregunta: "¿cómo empiezo?", ofrezco el proceso de pensamiento por el que atravieso diariamente. Es realmente sencillo encontrar buenos negocios. Se lo aseguro. Es como andar en bicicleta. Después de tambalearse un poco, es pan comido. Pero en lo que se refiere al dinero, es la determinación para superar ese momento de inestabilidad lo que constituye un asunto personal.

Para encontrar "el negocio multimillonario de la vida" se requiere que invoquemos nuestro genio financiero. Yo considero que cada uno de nosotros lleva dentro un genio financiero. El problema es que nuestro genio financiero está dormido y espera a que lo despierten. Está dormido porque nuestra cultura nos ha educado para creer que el dinero es la fuente de todos los males. Nos ha alentado a aprender una profesión de manera que podamos trabajar por dinero, pero no nos ha enseñado a hacer que el dinero trabaje para nosotros. Nos ha enseñado a no preocuparnos de nuestro futuro financiero; nuestra compañía o el gobierno se encargarán de nosotros cuando termine nuestra vida laboral. Sin embargo son nuestros niños, educados en el mismo sistema escolar, los que terminarán pagando por ello. El mensaje todavía consiste en decir "trabajemos duro, ganemos dinero y gastémoslo; cuando se nos termine, siempre podemos pedir prestado".

Desafortunadamente, 90 por ciento del mundo occidental se adhiere a ese dogma, simplemente porque es más sencillo encontrar un empleo y trabajar para ganar dinero. Si usted no es parte de la masa, le ofrezco los siguientes diez pasos que despertarán su genio financiero; pasos que yo he seguido personalmente. Si usted desea seguirlos, magnífico. Si no desea hacerlo, haga los suyos propios. Su genio financiero es lo suficientemente inteligente para desarrollar su propia lista.

Mientras me encontraba en Perú con un minero que había buscado oro por 45 años, le pregunté por qué tenía tanta confianza acerca de encontrar una mina de oro. Él me respondió: "Hay oro en todas partes. La mayoría de la gente no está capacitada para verlo."

Yo diría que eso es verdad. En el área de bienes raíces, puedo salir a trabajar y encontrar en un día cuatro o cinco buenos negocios potenciales, mientras que la persona promedio saldrá y no encontrará nada. Incluso buscando en el mismo vecindario. La razón es que ellos no han dedicado tiempo a desarrollar su genio financiero.

Le ofrezco los siguientes diez pasos como un proceso para desarrollar los poderes que Dios le dio. Poderes que sólo usted puede controlar.

1. **NECESITO UNA RAZÓN MÁS GRANDE QUE LA REALIDAD:** El poder del espíritu. Si le pregunta a la mayoría de la gente si le gustaría ser rica o libre desde el punto de vista financiero, ellos responderían que "sí". Pero la realidad aparece entonces. El camino parece demasiado largo y con demasiadas montañas que escalar. Es más fácil sólo trabajar por el dinero y entregar lo que sobre a su corredor de bolsa.

Una vez conocí a una joven que soñaba con nadar para el equipo olímpico de Estados Unidos. La realidad era que tenía que levantarse a las cuatro de la mañana todos los días para nadar tres horas antes de ir a la escuela. No iba a las fiestas con sus amigos los sábados por la noche. Tenía que estudiar y obtener buenas calificaciones, como todos los demás.

Cuando le pregunté que impulsaba esa ambición y sacrificio sobrehumanos, ella simplemente me dijo: "Lo hago por mí misma y por la gente que amo. Es el amor lo que me hace superar los obstáculos y los sacrificios."

Una razón o propósito es la combinación de "quiero" y "no quiero". Cuando la gente me pregunta cuál es mi razón para desear ser rico, se trata de una combinación de "quieros" y "no quieros" profundamente emocionales.

Enumeraré unos cuantos. Primero los "no quieros", toda vez que de ellos se derivan los "quieros". No quiero trabajar toda mi vida. No quiero aquello a lo que aspiraban mis padres, que era seguridad en el empleo y una casa en los suburbios. No me gusta ser un empleado. Yo odiaba el hecho de que mi padre siempre se perdía los juegos de fútbol porque estaba demasiado ocupado trabajando en su carrera. Odio el hecho de que mi padre haya trabajado duro toda su vida y que el gobierno haya tomado la mayor parte de aquello por lo que trabajó después de su muerte. Ni siquiera pudo dejarnos el fruto de su duro trabajo cuando murió. Los ricos no hacen eso. Trabajan duro y le dejan el fruto de su trabajo a sus hijos.

Ahora los "quieros". Quiero ser libre para viajar por el mundo y vivir la clase de vida que amo. Quiero ser joven cuando haga eso. Quiero simplemente ser libre. Quiero controlar mi tiempo y mi vida. Quiero que el dinero trabaje para mí.

Esas son razones profundamente emocionales. ¿Cuáles son las suyas? Si no son lo suficientemente fuertes, entonces la realidad del camino que le espera puede ser más grande que sus razones. He perdido dinero y he tenido reveses en muchas ocasiones, pero fueron las profundas razones emocionales las que me mantuvieron de pie y avanzando. Yo quería ser libre a los 40 años, pero me tardé hasta los 47 con muchas experiencias de aprendizaje a lo largo del camino.

Como dije antes, desearía poder decir que fue fácil. No lo fue, pero tampoco fue difícil. Pero sin una razón o propósito poderosos, cualquier cosa en la vida es dura.

Si usted no tiene una razón poderosa, no tiene sentido que siga leyendo. Le sonará como si fuera demasiado trabajo.

2. **Yo escojo diariamente:** El poder de la elección. Ésa es la principal razón por la que la gente quiere vivir en un país libre. Quieren tener el poder de elegir.

Desde el punto de vista financiero, con cada dólar que llega a nuestras manos, tenemos el poder de elegir para nuestro futuro, entre ser rico, pobre o miembro de la clase media. Nuestros hábitos de gasto reflejan quiénes somos. Los pobres siempre tendrán hábitos de gasto de pobres.

El beneficio que tuve cuando era niño es que me gustaba mucho jugar *Monopolio* constantemente. Nadie me dijo que *Monopolio* era sólo para niños, de manera que seguí practicando el juego cuando me convertí en adulto.

También tuve un padre rico que me mostró la diferencia entre un activo y un pasivo. De manera que hace mucho tiempo, cuando era un niño pequeño, escogí ser rico y aprendí que todo lo que tenía que hacer era adquirir activos, verdaderos activos. Mi mejor amigo, Mike, tiene una columna de activos que heredó, pero él también tuvo que elegir para aprender a conservarla. Muchas familias ricas pierden sus activos en la siguiente generación simplemente porque no había nadie capacitado para ser un buen administrador de sus activos.

Muchas personas escogen no ser ricas. Para 90 por ciento de la población, ser rico es "demasiada molestia". De manera que inventan frases como "no me interesa el dinero", o "yo nunca seré rico", o "no tengo por qué preocuparme, todavía soy joven", o "cuando gane dinero, entonces pensaré acerca de mi futuro", o "mi esposo/esposa maneja las finanzas". El problema con esas afirmaciones es que despoja a la persona que elige pensar de esa manera de dos cosas: la primera es tiempo, que es su activo más precioso, y la segunda es aprendizaje. El solo hecho de que usted no tiene dinero no debe ser una excusa para no aprender. Pero esa es una elección que hacemos todos los días, la elección de qué hacer con nuestro tiempo, nuestro dinero y lo que nos metemos en la cabeza. Ése es el poder de la elección. Todos nosotros tenemos una elección. Yo simplemente elegí ser rico y hago esa elección todos los días.

Invierta primero en educación: En realidad, el único activo verdadero que usted tiene es su mente, la herramienta más poderosa que dominamos. Como dije antes acerca del poder de elegir, cada uno de nosotros tiene que elegir qué ponemos en nuestro cerebro una vez que somos lo suficientemente grandes. Usted puede mirar el canal de televisión MTV todo el día o leer revistas de golf, o tomar clases de cerámica, o lecciones de planificación financiera. Usted escoge. La mayoría de la gente simplemente compra inversiones en vez de primero invertir en aprender sobre inversiones.

Una amiga mía, que es una mujer rica, recientemente sufrió un robo en su departamento. Los ladrones se llevaron su televisión y su reproductor de videos, pero dejaron los libros que ella lee. Todos tenemos esa elección. Nuevamente, 90 por ciento de la población compra aparatos de televisión y sólo 10 por ciento compra libros sobre negocios o cintas que tratan sobre inversiones.

¿Qué hago yo? Asisto a seminarios. Me gustan particularmente cuando tienen al menos dos días de duración, porque me gusta sumergirme por completo en una materia. En 1973 estaba viendo la televisión cuando apareció un tipo que anunciaba un seminario de tres días sobre cómo adquirir bienes raíces sin pago inicial. Gasté 385 dólares y ese curso me ha producido al menos dos millones de dólares, si no es que más. Pero más importante aún, me *compró* una vida. No necesito trabajar por el resto de mi vida gracias a ese curso. Asisto al menos a dos de esos cursos cada año.

Me encantan las cintas de audio. La razón es que puedo rebobinarlas rápidamente. Yo estaba escuchando una cinta de Peter Lynch y le escuché decir algo en lo que yo estaba totalmente en desacuerdo. En vez de adoptar una posición crítica y arrogante, simplemente oprimí el botón de "rebobinar" y escuché ese fragmento de la cinta de cinco minutos de duración al menos 20 veces. Posiblemente más. Repentinamente, gracias a que mantenía mi mente abierta, comprendí por qué decía lo que decía. Fue como un acto de magia. Sentí que disponía de una ventana a la mente de uno de los grandes inversionistas de nuestra época. Obtuve una enorme perspectiva y profundidad en los vastos recursos de su educación y experiencia.

El resultado neto: todavía tengo la vieja forma de pensar y tengo la manera en que Peter ve el mismo problema o situación. Tengo dos ideas en vez de una. Una manera adicional para analizar un problema o tendencia, y eso no tiene precio. Actualmente me pregunto a menudo: "¿Cómo haría esto Peter Lynch o Donald Trump, o Warren Buffett, o George Soros?" La única manera en que puedo tener acceso a su gran poder mental es ser lo suficientemente humilde para leer o escuchar lo que ellos tienen que decir. Las personas arrogantes o críticas son a menudo personas con baja autoestima que están temerosas de asumir riesgos. Si usted aprende algo nuevo, es necesario que cometa errores para comprender totalmente lo que ha aprendido.

Si usted ha llegado a este punto en la lectura, la arrogancia no es uno de sus problemas. Las personas arrogantes rara vez leen o adquieren cintas de audio. ¿Por qué deberían hacerlo? Ellos son el centro del universo.

Existen tantas personas "inteligentes" que discuten o se defienden cuando una idea nueva entra en conflicto con la manera en que piensan. En ese caso, su llamada "inteligencia", combinada con su "arrogancia" equivale a "ignorancia". Cada uno de nosotros conoce personas con alto nivel de educación o que consideran que son inteligentes, pero cuyas hojas de balance revelan una imagen diferente. Una persona verdaderamente inteligente da la bienvenida a nuevas ideas, porque las nuevas ideas se pueden agregar a la sinergia de las ideas acumuladas. Escuchar es más importante que hablar. Si eso no fuera cierto, Dios no nos hubiera dado dos oídos y una boca. Demasiadas personas

piensan con su boca en vez de escuchar para absorber nuevas ideas y posibilidades. Discuten, en vez de formular preguntas.

Yo pienso en mi riqueza a largo plazo. No me adhiero a la mentalidad de
"hazte rico rápidamente" que tiene la mayoría de los jugadores de lotería o los
apostadores de casino. Puedo comprar y vender acciones, pero apuesto a largo
plazo en la educación. Si desea volar un aeroplano, le recomiendo que tome
lecciones de vuelo antes. Siempre me impresionan las personas que compran
acciones o bienes raíces, pero que nunca invierten en su activo más importante, que es su mente. El hecho de que usted haya comprado una o dos casas no
le convierte en experto en bienes raíces.

3. **ESCOJA CUIDADOSAMENTE A SUS AMIGOS:** El poder de la asociación. En
   primer lugar, yo no escojo a mis amigos por sus estados financieros. Tengo
   amigos que han hecho votos de pobreza, así como amigos que ganan millones cada año. Lo importante es que aprendo de todos ellos y hago cons-
   cientemente el esfuerzo de aprender de ellos.

Ahora bien, admitiré que hay personas a las que busqué en realidad porque
tenían dinero. Pero yo no quería su dinero; quería su conocimiento. En algunos casos, esas personas que tenían dinero se han convertido en amigos queridos; pero no todos.

Sin embargo, existe una distinción que me gustaría señalar. He notado que
mis amigos que tienen dinero hablan de dinero. Y no digo que se jacten. Están
interesados en el tema. De forma que aprendo de ellos y ellos aprenden de mí.
Mis amigos, de quienes sé que pasan por problemas financieros, no gustan de
hablar de dinero, negocios o inversión. A menudo lo consideran grosero o
poco intelectual. De forma que también he aprendido de mis amigos con dificultades financieras. He descubierto lo que no debo hacer.

Tengo varios amigos que han generado más de mil millones de dólares
durante sus cortas vidas. Los tres reportan el mismo fenómeno: sus amigos
que no tienen dinero nunca han acudido a ellos para preguntarles cómo lo
hicieron. Pero se acercan para pedir una de las siguientes dos cosas, o ambas:
1: Un préstamo, y 2: Un empleo.

ADVERTENCIA: No haga caso de personas pobres o asustadas. Tengo amigos
como ésos y los amo tiernamente, pero son como los "pollitos" de la vida. En
lo que se refiere a dinero, especialmente inversiones, "el cielo siempre se está
cayendo". Ellos siempre pueden decirle por qué no funciona algo. El proble-

ma es que la gente los escucha, pero las personas que aceptan ciegamente información pesimista también son "pollitos". Y como dice el viejo refrán: "Los pollitos de plumaje similar están de acuerdo."

Si usted mira el canal de televisión estadounidense CNBC, que es una mina de oro de información sobre inversiones, a menudo tienen un panel de los llamados "expertos". Un experto dirá que el mercado está a punto de desplomarse y otro que se dirige a un boom. Si usted es inteligente, los escuchará a ambos. Mantenga su mente abierta porque ambos tienen argumentos válidos. Desafortunadamente, la mayoría de los pobres escuchan al "pollito".

He tenido muchos amigos cercanos que han tratado de convencerme de que no haga un negocio o realice una inversión. Hace algunos años, un amigo me dijo que estaba emocionado porque había encontrado un certificado de depósito al seis por ciento. Le dije que yo ganaba 16 por ciento con deuda del gobierno estatal. Al siguiente día me envió un artículo sobre por qué era peligrosa mi inversión. He recibido 16 por ciento durante años y él todavía recibe seis por ciento.

Yo diría que una de las cosas más difíciles acerca de la creación de riqueza es ser fiel a sí mismo y estar dispuesto a no seguir a la multitud. En el mercado, es generalmente la multitud la que llega tarde y es masacrada. Si hay un gran negocio en la primera plana del diario, a menudo es demasiado tarde. Busque un nuevo negocio. Como solíamos decir cuando éramos surfistas: "Siempre hay otra ola." Las personas que se apresuran y tratan de alcanzar una ola tarde generalmente son los que terminan revolcados.

Algunos inversionistas no le miden el tiempo al mercado. Si no alcanzaron una ola, buscan la siguiente y se colocan en posición. La razón por la que esto es difícil para la mayoría de los inversionistas es porque les asusta comprar lo que no es popular. Los inversionistas tímidos son como ovejas que siguen a la multitud. O su codicia les hace entrar cuando los inversionistas más sabios han tomado sus utilidades y se han marchado. Los inversionistas inteligentes compran una inversión cuando no es popular. Saben que sus utilidades son obtenidas cuando compran, no cuando venden. Esperan pacientemente. Como dije antes, no toman el tiempo al mercado. Como un surfista, se colocan en posición para la siguiente gran ola.

Se trata de comprar y vender "con información de primera mano". Existen algunas formas de comprar y vender con información "privilegiada" que son ilegales, pero hay otras que son legales. En cualquier caso, se trata de disponer de información de primera mano. La única diferencia es qué tan privilegiada es esa información de que usted dispone. La razón por la que usted desea tener amigos ricos que disponen de información "de adentro" es porque es allí donde se gana el dinero. Se gana con la información. Usted desea escuchar acerca del próximo boom, entrar y salir antes de la siguiente crisis. No estoy diciendo que debe hacerlo ilegalmente, pero mientras más pronto sepa usted, mejores serán sus oportunidades de obtener utilidades con riesgo mínimo. Para eso son los amigos. Y eso es inteligencia financiera.

4. **DOMINE UNA FÓRMULA Y DESPUÉS CONOZCA OTRA**: El poder de aprender rápidamente. Para hacer pan, todo panadero sigue una receta, aún cuando sólo la tenga en la mente. Lo mismo ocurre con ganar dinero. Por eso al dinero se le llama frecuentemente "pasta".

La mayoría de nosotros ha escuchado el dicho: "Usted es lo que come." Yo tengo una versión diferente del mismo dicho. Yo digo "usted se convierte en aquello que estudia". En otras palabras, sea cuidadoso con lo que usted estudia y aprende, porque su mente es tan poderosa que usted se convertirá en aquello que introduzca en su cabeza. Por ejemplo, si usted estudia cocina, usted tenderá a cocinar. Usted se convierte en cocinero. Si no desea cocinar más, entonces necesita estudiar algo diferente. Digamos, maestro de escuela. Tras estudiar pedagogía, usted se convierte en maestro. Y así sucesivamente. Seleccione cuidadosamente lo que estudia.

En lo que se refiere al dinero, las masas tienen una fórmula básica que han aprendido en la escuela. Esa fórmula consiste en decir "trabaje para ganar dinero". La fórmula que veo como la predominante en el mundo es que todos los días millones de personas se levantan y van a trabajar, ganan dinero, pagan sus cuentas, hacen su balance, compran fondos mutualistas y luego vuelven a ir a trabajar. Ésa es la fórmula básica, o receta.

Si usted está cansado de lo que está haciendo o no gana lo suficiente, basta simplemente con cambiar la fórmula por medio de la cual usted gana dinero.

Hace varios años, cuando yo tenía 26 años de edad, tomé una clase de fin de semana llamada "Cómo comprar bienes raíces en ejecución de hipotecas". Aprendí la fórmula. El siguiente truco consistía en tener la disciplina para poner en práctica lo que había aprendido. Es allí donde la mayoría de la gente se detiene. Durante tres años, mientras trabajaba para Xerox, pasé mi tiempo libre aprendiendo a dominar el arte de comprar propiedades puestas a la venta en ejecución de hipotecas. He hecho varios millones de dólares utilizando esa

fórmula, pero hoy en día es demasiado lenta y hay demasiadas personas haciéndolo.

De manera que tras dominar esa fórmula, fui en busca de otras fórmulas.
En muchas de esas clases no utilicé la información que aprendí de manera
directa, pero siempre aprendí algo nuevo.

He asistido a clases planeadas para comerciantes de derivados financieros,
a una clase para comerciantes de opciones sobre productos de consumo y una
clase para especialistas en caos. Estaba fuera de mi ámbito, en un salón lleno
de personas con doctorados en física nuclear y ciencia espacial. Y sin embargo
aprendí muchas cosas que hicieron que mis inversiones en la bolsa y en bienes
raíces fueran más significativas y lucrativas.

La mayoría de las escuelas secundarias y los colegios comunitarios tienen
clases sobre planificación financiera o adquisición de inversiones tradicionales.
Son lugares magníficos para comenzar.

Yo siempre busco una fórmula más rápida. Por esa razón, de manera regular gano más dinero en un día de lo que la mayoría de la gente ganaría a lo
largo de su vida.

Otra nota al margen. En el mundo actual, que cambia velozmente, no cuenta tanto lo que usted sabe, porque a menudo lo que usted sabe es obsoleto. Lo
que importa es qué tan rápido aprende. Esa habilidad no tiene precio. Es
invaluable encontrar fórmulas —recetas— más rápidas para hacer "pasta".
Trabajar duro para ganar dinero es una vieja fórmula que nació en la época de
los cavernícolas.

5. **PÁGUESE A USTED MISMO PRIMERO:** El poder de la autodisciplina. Si usted
   no puede obtener el control de sí mismo, no trate de volverse rico. Usted
   deseará unirse primero al Cuerpo de Marines o alguna orden religiosa para
   lograr obtener el control sobre sí mismo. No tiene sentido invertir, hacer
   dinero y gastarlo todo. Es la falta de autodisciplina lo que ocasiona que la
   mayoría de los ganadores de la lotería quiebren pronto después de ganar
   millones. Es la falta de autodisciplina lo que ocasiona que la gente que
   obtiene un aumento de salario vaya inmediatamente a comprar un automóvil nuevo o tome un crucero.

Es difícil decir cuál de los diez pasos es el más importante. Pero de todos
los pasos, este paso es probablemente el más difícil de dominar, si no forma
parte de su propia constitución. Me atrevería a decir que es la falta de

autodisciplina el factor más importante para diferenciar entre los ricos, los pobres y la clase media.

Para decirlo de manera sencilla, las personas que tienen baja autoestima y baja tolerancia a la presión financiera no pueden jamás, y quiero decir jamás, ser ricas. Como dije antes, una lección que aprendí de mi padre rico es que "el mundo te empujará de un lado a otro". El mundo hace eso con la gente no porque otras personas sean rufianes, sino debido a que el individuo carece de control interno y disciplina. Las personas que carecen de fortaleza interna a menudo se convierten en víctimas de aquellos que tienen autodisciplina.

En las clases empresariales que imparto, constantemente le recuerdo a la gente que no se enfoquen en el producto o servicio, sino en desarrollar habilidades de administración. Las tres habilidades de administración más importantes que usted necesita para comenzar su propio negocio son:

1. Administración del flujo de efectivo.
2. Administración de la gente.
3. Administración del tiempo personal.

Yo diría que esas tres habilidades se aplican a cualquier cosa, no sólo a los empresarios. Las tres son importantes en relación con la manera en que usted vive su vida como individuo, como parte de una familia, un negocio, una organización caritativa, una ciudad o un país.

Cada una de esas habilidades se fortalece mediante el dominio de la autodisciplina. Yo no digo a la ligera que usted "debe pagarse a sí mismo".

El libro *The Richest Man in Babylon (El hombre más rico de Babilonia)*, de George Classen, es de donde proviene la afirmación "páguese a sí mismo primero". Se han vendido millones de copias. Pero aunque millones de personas repiten libremente esa poderosa afirmación, muy pocas siguen el consejo. Como dije antes, la educación financiera le permite a uno leer los números y los números cuentan una historia. Al considerar la declaración de ingresos y la hoja de balance de una persona, puedo ver si esa persona que repite la frase "páguese a sí mismo primero" realmente pone en práctica lo que predica.

Una ilustración vale mil palabras. Por eso comparemos nuevamente los estados financieros de una persona que se paga a sí misma primero con los de alguien que no lo hace.

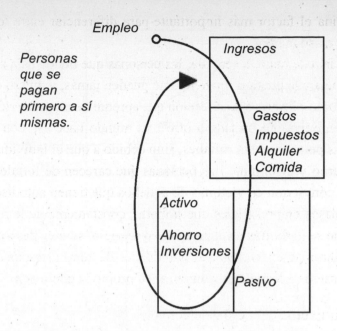

Estudie los diagramas y advierta si usted puede apreciar algunas diferencias. Nuevamente, se relaciona con comprender el flujo de efectivo, que cuenta la historia. La mayoría de las personas observa los números y no entiende la historia. Si usted puede verdaderamente comenzar a entender el poder del flujo de efectivo, pronto se dará cuenta qué cosa está mal en la ilustración de la siguiente página, o por qué 90 por ciento de la mayoría de la gente trabaja duro toda su vida y necesita apoyo gubernamental como la seguridad social cuando ya no está en posibilidades de trabajar.

¿Lo ve? El diagrama anterior refleja las acciones de un individuo que elige pagarse primero a sí mismo. Cada mes asigna dinero a su columna de activos antes de pagar sus gastos mensuales. Aunque millones de personas han leído el libro de Classen y comprenden las palabras "páguese a sí mismo primero", en realidad se pagan al final.

Ahora puedo escuchar las protestas de aquellos que sinceramente creen pagar primero sus cuentas. Y puedo escuchar a todas las personas "responsables" que pagan sus cuentas a tiempo. No estoy diciendo que usted deba ser irresponsable y no pagar sus cuentas. Lo que digo es que usted debe hacer lo que dice el libro, que es "pagarse a sí mismo primero". Y el diagrama anterior es la ilustración contable correcta de esa acción. No así el que sigue.

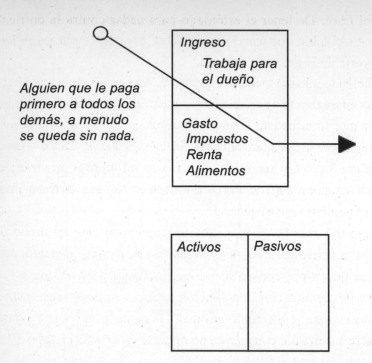

Alguien que le paga primero a todos los demás, a menudo se queda sin nada.

Mi esposa y yo hemos tenido muchos contadores y banqueros que han tenido un gran problema con esta forma de considerar la frase "páguese a sí mismo primero". La razón es que esos profesionistas de las finanzas en realidad hacen lo que las masas hacen, es decir, se pagan a sí mismos al último. Le pagan a todos los demás primero.

Ha habido meses en mi vida en que, por cualquier razón, mi flujo de efectivo ha sido mucho menor que mis cuentas. Aún así me he pagado a mí mismo primero. Mi contador ha sido presa del pánico. "Van a venir por ti. La oficina de impuestos va a meterte a la cárcel." "Vas a arruinar tu crédito." "Van a cortarte la electricidad." Aún así, me he pagado a mí mismo primero.

"¿Por qué?" me preguntará usted. Porque de eso se trata la historia de *The Richest Man in Babylon*. El poder de la autodisciplina y el poder de la fortaleza interna. "Estómago", en términos menos elegantes. Como me enseñó mi padre rico durante el primer mes que trabajé para él, la mayoría de las personas permiten que el mundo las empuje de un lado a otro. Un cobrador de deudas le llama y le dice "pague o aténgase a las consecuencias". De manera que usted paga y no se paga a sí mismo. Un empleado de ventas le dice: "Oh, sólo cárguelo a su tarjeta de crédito." Su agente de bienes raíces le dice: "Adelante, el gobierno le permite hacer una deducción de impuestos por su casa."

De eso trata el libro. De tener el estómago para nadar contra la corriente y volverse rico. Es posible que usted no sea débil, pero en lo que se refiere al dinero, la mayoría de la gente se ablanda.

No estoy diciendo que sea usted irresponsable. La razón por la que no tengo una gran deuda en mi tarjeta de crédito es porque primero me pago a mí mismo. La razón por la que minimizo mi ingreso es porque no quiero pagarle al gobierno. Esa es la razón por la que, para aquellos de ustedes que hayan visto el video *The Secrets of the Rich (Los secretos de los ricos)*, mi ingreso proviene de mi columna de activos, por medio de una corporación en Nevada. Si trabajara para ganar dinero, el gobierno me lo quitaría.

Aunque pago mis cuentas al final, soy lo suficientemente astuto desde el punto de vista financiero para no meterme en una situación financiera difícil. No me gusta la deuda por consumo. De hecho, tengo pasivos que son más altos que los de 99 por ciento de la población, pero no los pago; otras personas pagan por mis pasivos. Se llaman inquilinos. De manera que la regla número uno para pagarse a sí mismo consiste en no meterse en deudas en primer lugar. Aunque pago mis cuentas al final, he hecho los arreglos para tener sólo cuentas pequeñas y sin importancia, que tendré que pagar.

En segundo lugar, cuando ocasionalmente me falta dinero, sigo pagándome primero a mí mismo. Dejo que mis acreedores, incluso el gobierno griten. Me gusta cuando se ponen duros. ¿Por qué? Porque esos tipos me hacen un favor. Me inspiran a salir y ganar más dinero. De manera que me pago a mí mismo primero, invierto el dinero y permito que mis acreedores griten. Generalmente les pago poco después de cualquier forma. Mi esposa y yo gozamos de un excelente crédito. Simplemente no nos dejamos vencer por la presión y gastar nuestros ahorros o liquidar acciones para pagar deuda de consumo. Eso no es inteligente desde el punto de vista financiero. Así que la respuesta es:

1. No asuma posiciones de deuda importantes por las que deba pagar. Mantenga sus gastos bajos. Construya sus activos primero. Luego compre la casa grande o el automóvil bonito. Quedar atrapado en la "carrera de la rata" no es inteligente.

2. Cuando le falte dinero, deje que la presión se acumule y no recurra a sus ahorros o inversiones. Utilice la presión para inspirar a que su genio financiero invente nuevas maneras de ganar más dinero y entonces pague sus cuentas. Usted habrá incrementado su habilidad para ganar dinero, así como su inteligencia financiera.

En muchas ocasiones me he metido en problemas financieros y he utilizado mi cerebro para crear más ingreso, mientras defiendo encarnizadamente los activos de mi columna de activos. Mi contador ha pegado el grito en el cielo y ha tratado de buscar refugio, pero yo me he comportado como un buen soldado que defiende el fuerte: el Fuerte Activos.

Los pobres tienen malos hábitos. Un mal hábito muy común es conocido inocentemente como "recurrir a los ahorros". El rico sabe que los ahorros se utilizan sólo para crear dinero, no para pagar cuentas.

Sé que lo anterior suena duro, pero como dije, si no es usted duro en su interior, el mundo lo empujará de un lado a otro de cualquier manera.

Si a usted no le gusta la presión financiera, entonces encuentra una fórmula que funcione para usted. Una buena fórmula consiste en recortar los gastos, poner el dinero en el banco, pagar más de lo que le corresponde en impuesto sobre la renta, comprar fondos mutualistas seguros y hacer el juramento de los demás. Pero eso viola la regla "páguese a sí mismo primero".

La regla no alienta el autosacrificio ni la abstinencia financiera. No significa que usted debe pagarse primero a sí mismo y luego morirse de hambre. La vida debe ser disfrutada. Si usted depende de su genio financiero, puede tener todos los satisfactores, hacerse rico y pagar sus cuentas, sin sacrificar la buena vida. Y eso es inteligencia financiera.

6. **PAGUE BIEN A SUS CORREDORES:** El poder del buen consejo. A menudo veo a personas que colocan un anuncio al frente de su casa que dice: "En venta por el propietario". O bien veo en la televisión actual a muchas personas que afirman ser "corredores de bolsa de descuento."

Mi padre rico me enseñó a adoptar la táctica opuesta. Él creía que era importante pagar bien a los profesionales y yo he adoptado también esa política. Actualmente tengo abogados, contadores, corredores de bienes raíces y corredores de bolsa caros. ¿Por qué? Porque si —y quiero decir "si"— esas personas son profesionales, sus servicios deben hacerles ganar dinero. Y mientras más dinero ganen ellos, más dinero ganaré yo.

Vivimos en la Era de la Información. La información no tiene precio. Un buen corredor debe proporcionarle toda la información, así como tiempo para educarle. Tengo varios corredores que están dispuestos a hacer eso por mí. Algunos me enseñaron cuando tenía poco o ningún dinero y todavía están conmigo.

Lo que le pago a un corredor es insignificante en comparación con la cantidad de dinero que puedo ganar gracias a la información que me proporciona. Me encanta que mi corredor de bienes raíces o mi corredor de bolsa gane mucho dinero, porque eso significa generalmente que yo gano mucho dinero.

Un buen corredor me ahorra tiempo, además de darme a ganar dinero; como cuando compré un terreno baldío por 9 000 dólares y lo vendí inmediatamente en 25 000 dólares, de manera que pude comprar mi Porsche más rápidamente.

Un corredor respresenta los ojos y los oídos en el mercado. Están allí todos los días, de manera que yo no tengo que estar allí todos los días y puedo jugar al golf.

Por otra parte, las personas que venden por sí mismas su casa no deben valorar en mucho su tiempo. ¿Por qué querría yo ahorrar unos cuantos dólares cuando puedo utilizar ese tiempo para ganar más dinero o gastarlo con los seres que amo? Lo que me parece divertido es que tantas personas pobres y de la clase media insisten en dejar propinas en un restaurante de 15 a 20 por ciento, incluso cuando reciben mal servicio y se quejan de pagar a un corredor entre el tres y el siete por ciento. Les gusta dar propinas a las personas de la columna de los gastos y regatear con las personas de la columna de activos. Eso no es inteligente desde el punto de vista financiero.

No todos los corredores fueron creados iguales. Desafortunadamente, muchos corredores son sólo vendedores. Yo diría que los vendedores de bienes raíces son los peores. Venden, pero ellos mismos poseen pocos bienes raíces, o ninguno. Existe una tremenda diferencia entre un corredor que vende casas y un corredor que vende inversiones. Y eso es verdadero para los corredores de acciones, obligaciones, fondos mutualistas y seguros, que se llaman a sí mismos "planificadores financieros". Como en el cuento de hadas, debe usted besar muchos sapos para encontrar un príncipe. Sólo recuerde el viejo dicho: "Nunca le pregunte a un vendedor de enciclopedias si usted necesita una enciclopedia."

Cuando entrevisto a cualquier profesional pagado, primero averiguo cuantas propiedades o acciones tienen personalmente y qué porcentaje pagan en impuestos. Y eso se aplica tanto a mi abogado fiscalista como a mi contador. Tengo un contador que atiende sus propios negocios. Su profesión es la contabilidad, pero su negocio son los bienes raíces. Yo solía tener un contador que era contador de pequeños negocios, pero que no tenía bienes raíces. Cambié de contador porque no nos gustaba el mismo negocio.

Encuentre a un corredor que tome a pecho sus intereses. Muchos corredores pasarán algún tiempo educándole y ésos serán el mejor activo que usted pueda encontrar. Sólo sea justo con ellos y la mayoría de ellos serán justos con usted. Si en todo lo que usted puede pensar es en bajar sus comisiones, ¿entonces por qué querrían ellos estar cerca de usted? Se trata de simple lógica.

Como dije anteriormente, una de las habilidades administrativas consiste en manejar al personal. Muchas personas sólo manejan al personal que consideran menos inteligente que ellos y sobre los que pueden ejercer poder, como los subordinados en una situación laboral. Muchos gerentes de nivel medio se mantienen como gerentes de nivel medio y no logran ascender porque saben cómo trabajar con las personas que están debajo de ellos, pero no con las personas que están por encima de ellos. La verdadera habilidad consiste en manejar y pagar bien a personas que son más inteligentes que usted en algún área técnica. Es por eso que las compañías tienen una junta de directores. Usted debe tener una. Y eso es inteligencia financiera.

7. **SEA UN DONANTE INDIO:** Ése es el poder de obtener algo a cambio de nada. Cuando los primeros pobladores blancos vinieron a América, quedaron asombrados por una práctica cultural de algunos indios norteamericanos. Por ejemplo, si el colono tenía frío, el indio le daría un cobertor. Creyendo que se trataba de un obsequio, el colono estaba ofendido cuando el indio pedía que se lo devolviera.

Los indígenas también se molestaban cuando se daban cuenta de que los colonos no querían devolverlo. De allí proviene el término "donante indio". Un simple malentendido cultural.

En el mundo de la "columna de activos", ser un donante indio es vital para obtener riqueza. La primera pregunta del inversionista sofisticado debe ser: "¿Qué tan rápidamente puedo obtener la devolución de mi dinero?" También quieren saber qué obtendrán de manera gratuita, a lo que también se le llama "un pedazo de la acción". Es por eso que el retorno de y sobre la inversión (conocido como ROI por sus siglas en inglés) es tan importante.

Por ejemplo, encontré un pequeño condominio a unas cuantas cuadras de donde vivo, que estaba en venta por la ejecución de una hipoteca. El banco quería 60 000 dólares y yo presenté una puja por 50 000 dólares que ellos aceptaron, simplemente porque con mi propuesta iba un cheque de cajero por 50 000 dólares. Se dieron cuenta de que yo era serio. La mayoría de los inversionistas dirían: "¿No está usted amarrando demasiado efectivo? ¿No hubiera sido mejor obtener un préstamo sobre el inmueble?" La respuesta es negativa en este caso. Mi compañía de inversión utiliza ese inmueble como propiedad en renta para vacaciones durante los meses invernales, cuando los "pajarillos de nieve" vienen a Arizona y lo rentan por 2 500 dólares mensuales durante cuatro meses al año. Para la renta fuera de la estación, el inmueble se renta por sólo 1 000 dólares al mes. Yo recuperé mi dinero en cerca de tres años. Ahora soy propietario de este activo, que me está produciendo dinero cada mes.

Lo mismo ocurre con las acciones. Frecuentemente mi corredor me llama y me recomienda movilizar una considerable cantidad de dinero para comprar acciones de una compañía que él considera que está a punto de realizar un movimiento que agregará valor a la acción, como el anuncio de un nuevo producto. Movilizo mi dinero por una semana a un mes mientras la acción sube de precio. Luego retiro la cantidad de dólares que invertí originalmente y dejo de preocuparme sobre las fluctuaciones del mercado, porque mi monto inicial me ha sido devuelto y está listo para trabajar en otro activo. De manera que mi dinero entra, sale y yo me convierto en dueño de un activo que obtuve de manera gratuita desde el punto de vista técnico.

Es verdad que he perdido dinero en muchas ocasiones. Pero sólo juego con dinero que puedo perder. Yo diría que en promedio de cada diez inversiones, conecto un "jonrón" en dos o tres de ellas, mientras que no pasa nada en cinco o seis, y pierdo en dos o tres. Pero limito mis pérdidas sólo al dinero que tengo en ese momento.

Las personas que aborrecen el riesgo ponen su dinero en el banco. Y a largo plazo es mejor tener ahorros que no tenerlos en absoluto. Sin embargo, tardan mucho tiempo en obtener la devolución de su dinero y en muchos casos no obtienen nada de él de manera gratuita. Antes solían entregarle un tostador, pero rara vez lo hacen actualmente.

En cada una de mis inversiones debe haber un atractivo, algo que obtengo de manera gratuita. Un condominio, una unidad de almacenamiento, un terreno, una casa, acciones bursátiles, un edificio de oficinas. Y debe haber un riesgo limitado o una idea de bajo riesgo. Existen libros dedicados en su totalidad a este tema y no lo abordaré aquí. Ray Kroc, de McDonald's, vende franquicias de hamburguesas no porque ame las hamburguesas, sino porque quiere obtener gratis el inmueble donde se ubicará la franquicia.

De manera que los inversionistas inteligentes deben ver más que el retorno sobre su inversión; son los activos que obtienen de manera gratuita una vez que obtienen la devolución de su dinero. Eso es inteligencia financiera.

8. **Los activos adquieren los lujos:** El poder del enfoque. El hijo de un amigo ha estado desarrollando el mal hábito de "quemar un agujero" en su bolsillo. Apenas a los 16 años de edad, él deseaba naturalmente tener su propio automóvil. La excusa fue que "todos los padres de sus amigos les han dado automóviles a sus hijos". El chico quería recurrir a sus ahorros y utilizarlos para dar el pago inicial. Fue entonces cuando su padre me visitó.

—¿Consideras que debo dejar que lo haga, o debo hacer lo que hacen otros padres y comprarle el automóvil?

A lo que respondí:

—Eso puede aliviar la presión a corto plazo, ¿pero qué le has enseñado a largo plazo? Puedes utilizar ese deseo de poseer un automóvil y alentar a tu hijo para que aprenda algo? —de repente se encendieron las luces y él corrió a su casa.

Dos meses después me encontré nuevamente con mi amigo.

—¿Tiene tu hijo un nuevo automóvil? —le pregunté.

—No, no lo tiene. Pero le di 3 000 dólares para el auto. Le dije que utilizara mi dinero en vez de usar el dinero destinado a la universidad.

—Bien, eso fue muy generoso de tu parte —le dije.

—No lo fue en realidad. Le di el dinero con una condición. Adopté el consejo que me diste de utilizar su fuerte deseo por comprar un automóvil y utilizar esa energía de manera que pudiera aprender algo.

—¿Y cuál fue la condición? —le pregunté.

—Bien, primero sacamos nuevamente tu juego, *Cashflow*. Jugamos y tuvimos una larga conversación sobre el uso inteligente del dinero. Le regalé una suscripción al *Wall Street Journal* y algunos libros sobre la bolsa de valores.

—¿Y qué pasó? —le pregunté—. ¿Cuál era el anzuelo?

—Le dije que esos 3 000 dólares eran suyos, pero que no podía comprar directamente el auto con ese dinero. Podía utilizarlo para comprar y vender acciones, encontrar su propio corredor de bolsa y una vez que hubiera ganado 6 000 dólares con los 3 000 dólares, el dinero sería para su auto, y los 3 000 dólares irían a su fondo universitario.

—¿Y cuales fueron los resultados? —le pregunté.

—Bien, tuvo suerte rápidamente en sus compraventas, pero perdió todo lo que había ganado unos días después. Entonces cobró verdadero interés. Actualmente podría decir que ha perdido 2 000 dólares, pero su interés ha aumentado. Ha leído todos los libros que le di y ha ido a la biblioteca para obtener más. Lee vorazmente el *Wall Street Journal*, está al pendiente de los indicadores, y mira CNBC en vez de MTV. Sólo le quedan 1 000 dólares, pero su interés y su aprendizaje han aumentado. Sabe que si pierde ese dinero tendrá que caminar durante dos años más. Pero no parece importarle. Incluso parece haber perdido interés en obtener un automóvil, porque ha descubierto que el juego es más divertido.

—¿Y qué pasa si pierde todo ese dinero? —le pregunté.

—Cruzaremos ese puente cuando lleguemos a él. Prefiero que pierda todo ahora a que espere a tener nuestra edad para arriesgarse a perderlo todo. Además, son los mejores 3 000 dólares que he gastado en su educación. Lo que está aprendiendo le servirá de por vida y parece haber obtenido un nuevo respeto por el poder del dinero. Creo que dejará de "quemar agujeros" en sus bolsillos.

Como dije en el apartado "Páguese a usted mismo primero", si una persona no puede manejar el poder de la autodisciplina, es mejor que no intente volverse rica. Aunque el proceso de desarrollar flujo de efectivo en la columna de activos es fácil en teoría, es la fortaleza mental de dirigir el dinero lo que resulta difícil. Debido a las tentaciones externas, es mucho más fácil en el mundo del consumo actual simplemente tomar el dinero de la columna de gastos. Debido a la carencia de fortaleza mental, ese dinero fluye por los senderos de menor resistencia. Ésa es la causa de la pobreza y las dificultades financieras.

Proporciono este ejemplo numérico de inteligencia financiera, en este caso la capacidad de dirigir el dinero para ganar más dinero.

Si ustedes le dan a 100 personas 10 000 dólares al principio del año, yo opino que al final del año:

- A 80 de ellas no les quedará nada. De hecho, muchas habrán contraído deudas más grandes al hacer un pago inicial por un automóvil nuevo, un refrigerador, una televisión, un reproductor de vídeo o unas vacaciones.
- 16 de ellas habrán incrementado sus 10 000 dólares entre cinco y 10 por ciento.
- Cuatro habrán incrementado a 20 000 dólares o millones de dólares.

Asistimos a la escuela para aprender una profesión con el fin de trabajar por dinero. Es mi opinión que algo igualmente importante es aprender a hacer que el dinero trabaje para usted.

Me gustan los lujos tanto como a cualquier otra persona. La diferencia es que algunas personas compran sus lujos a crédito. Es la trampa de "mantener el ritmo de los Jones". Cuando quise comprar un Porsche, el camino más fácil hubiera sido llamar a mi banquero y obtener un crédito. En vez de elegir enfocarme en la columna de los pasivos, elegí enfocarme en la columna de los activos.

Como hábito, utilicé mi deseo de consumir para inspirarme y motivar mi genio financiero a invertir.

Actualmente con frecuencia nos enfocamos en pedir prestado el dinero para obtener las cosas que deseamos, en vez de enfocarnos en crear dinero. Una cosa es fácil en el corto plazo, pero más difícil en el largo plazo. Es un mal hábito que tenemos como individuos y como país. Recuerde, el camino fácil a menudo se vuelve más difícil, y el camino difícil a menudo se vuelve fácil.

Mientras más pronto pueda capacitarse a sí mismo y a quienes ama para que dominen el dinero, mejor. El dinero es una fuerza poderosa. Desafortunadamente las personas utilizan el poder del dinero en su contra. Si su inteligencia financiera es baja, el dinero se le escapará por todas partes. Será más astuto que usted. Si el dinero es más astuto que usted, usted trabajará para ganarlo durante toda su vida.

Para dominar al dinero, usted necesita ser más astuto que él. A continuación el dinero hará lo que usted diga. Le obedecerá. En vez de ser un esclavo del dinero, usted será su amo. Ésa es inteligencia financiera.

9. **LA NECESIDAD DE HÉROES:** El poder del mito. Cuando yo era niño admiraba mucho a Willie Mays, Hank Aaron, Yogi Berra. Ellos eran mis héroes. Cuando era niño y jugaba en la Liga Infantil, yo quería ser exactamente como ellos. Atesoraba sus tarjetas de béisbol. Deseaba saber todo acerca de ellos. Yo sabía las estadísticas, su promedio de bateo, su número de carreras impulsadas, cuánto ganaban y cómo habían salido de las ligas menores. Quería saber todo porque quería ser exactamente como ellos.

Cuando a la edad de nueve ó 10 años, me paraba para batear o jugaba como primera base, o como receptor, yo no era yo. Era Yogi o Hank. Esa es una de las maneras más poderosas en que aprendemos lo que a menudo perdemos como adultos. Perdemos a nuestros héroes. Perdemos nuestra candidez.

Hoy en día miro a los niños jugando al baloncesto cerca de mi casa. En la cancha no son el pequeño Johnny; son Michael Jordan, Sir Charles o Clyde. La copia o emulación de los héroes es un verdadero poder de aprendizaje. Y es por eso que cuando alguien como O. J. Simpson cae de la gracia, hay un gran escándalo.

Se trata de algo más que sólo una audiencia en el juzgado. Se trata de la pérdida de un héroe. Alguien con quien las personas crecieron, admiraron y emularon. Repentinamente necesitamos deshacernos de esa persona.

Yo tengo nuevos héroes conforme envejezco. Tengo héroes del golf, como Peter Jacobsen, Fred Couples y Tiger Woods. Copio sus golpes de golf y hago lo que puedo para leer todo sobre ellos. También tengo héroes como Donald Trump, Warren Buffett, Peter Lynch, George Soros y Jim Rogers. En mi vejez conozco sus estadísticas tal y como conocía el promedio de bateo y el número de carreras impulsadas de mis héroes del béisbol. Sigo las inversiones que Warren Buffett realiza y leo todo lo que puedo sobre su punto de vista respecto del mercado. Leo el libro de Peter Lynch para comprender cómo selecciona sus acciones. Y leo sobre Donald Trump, tratando de averiguar cómo negocia y cierra sus tratos de negocios.

De la misma forma que yo no era yo cuando estaba al bat, cuando estoy en el mercado o negociando un trato estoy actuando de manera subconsciente con la jactancia de Trump. O cuando analizo una tendencia, me observo como si Peter Lynch estuviera haciéndolo. Al tener héroes, dejamos en libertad una tremenda fuente de genio en bruto.

Pero los héroes hacen más que solamente inspirarnos. Los héroes hacen que las cosas parezcan fáciles. Es el hecho de que parecen fáciles lo que nos convence de desear ser exactamente como ellos. "Si ellos pueden hacerlo, yo también."

En lo que se refiere a invertir, muchas personas lo hacen parecer difícil. En vez de encontrar héroes que lo hagan parecer fácil.

10. ENSEÑA Y RECIBIRÁS: El poder de dar. Mis dos padres fueron maestros. Mi padre rico me enseñó una lección que he llevado conmigo toda mi vida, la necesidad de ser caritativo y de dar. Mi padre educado me dio mucho de su tiempo y conocimiento, pero casi nunca me daba dinero. Como dije antes, generalmente decía que deberíamos de dar cuando teníamos algo de dinero adicional. Desde luego, rara vez tenía dinero extra.

Mi padre rico daba dinero, así como educación. Creía firmemente en lo anterior. "Si deseas algo, primero necesitas dar", decía siempre. Cuando tenía poco dinero, simplemente daba dinero a su iglesia o a su beneficencia favorita.

Si pudiera dejar una sola idea con usted, sería ésta. Siempre que sienta la "carencia" o la "necesidad" de algo, dé lo que usted desea primero y le será devuelto en grandes cantidades. Eso es verdadero en lo que se refiere al dinero, a una sonrisa, al amor, a la amistad. Sé que a menudo es lo último que una persona quiere hacer, pero siempre me ha funcionado. Simplemente confío en que el principio de reciprocidad es verdadero y doy lo que deseo. Si deseo dinero, doy dinero, y me es devuelto multiplicado. Si deseo ventas, ayudo a alguien más a vender algo, y las ventas vienen a mí. Si deseo contactos y ayudo a que alguien más consiga contactos, como acto de magia los contactos vienen a mí. Escuché un dicho hace años que decía: "Dios no necesita recibir, pero los humanos necesitan dar."

Mi padre rico decía a menudo: "Los pobres son más codiciosos que los ricos." Explicaba que si una persona era rica, esa persona proporcionaba algo que los demás querían. En mi vida, a lo largo de los años, siempre que he sentido la necesidad o la carencia de dinero o de ayuda, simplemente salí a buscar o encontré en mi corazón lo que quería, y decidí darlo primero. Y cuando dí, siempre me fue devuelto.

Eso me recuerda la historia de un tipo que está sentado con leña en sus brazos en una noche fría y le grita a la estufa de hierro: "Cuando me des algo de calor, pondré leña en tu interior." Y en lo que se refiere al dinero, al amor, a la felicidad, a las ventas y a los contactos, todo lo que necesitamos recordar es primero dar lo que usted desea y le será devuelto en grandes cantidades. A menudo el proceso de pensar lo que yo deseo, o cómo puedo dar algo que yo deseo a alguien más, desencadena un torrente de generosidad. Siempre que siento que la gente no me sonríe, simplemente comienzo a sonreír y digo "hola", y como por arte de magia, me encuentro rodeado de personas sonrientes. Es verdad que el mundo es sólo un espejo de usted.

Por eso digo "enseñe y recibirá". He descubierto que mientras más sincero soy en lo que enseño a aquellos que quieren aprender, más aprendo yo mismo. Si usted quiere aprender sobre dinero, enséñele a alguien más. Recibirá un torrente de nuevas ideas y de distinciones más claras.

Ha habido ocasiones en que he dado y no he recibido nada a cambio, o lo que he recibido no es lo que yo quería. Pero después de revisar con más cuidado y consultar con mi alma, a menudo yo estaba dando para recibir en esos casos, en vez de dar sólo por dar.

Mi padre enseñó a maestros y se convirtió en maestro de maestros. Mi padre rico siempre enseñó a los jóvenes su manera de hacer negocios. En retrospectiva, fue su generosidad con lo que ellos sabían lo que los hizo más inteligentes. Existen poderes en este mundo que son mucho más inteligentes de lo que nosotros somos. Usted puede llegar a donde quiere por sí mismo, pero es más fácil hacerlo con la ayuda de los poderes que existen. Todo lo que necesita es ser generoso con lo que usted tiene y los poderes serán generosos con usted.

¿Aún quiere más?

Es posible que muchas personas no queden satisfechas con mis diez pasos. Los ven más como filosofías que como acciones. Creo que comprender la filosofía es tan importante como la acción. Existen muchas personas que desean hacer, en vez de pensar, y también existen personas que piensan pero no hacen. Yo diría que yo pertenezco a ambos tipos. Me gustan las nuevas ideas y me gusta la acción.

Para aquellos que desean "cosas por hacer" sobre cómo ser más astuto, compartiré con usted algunas de las cosas que hago, de manera resumida:

● Deje de hacer lo que está haciendo. En otras palabras, tómese un respiro y evalúe lo que es trabajo y lo que no es trabajo. La definición de locura consiste en hacer lo mismo y esperar un resultado diferente. Deje de hacer lo que no es trabajo y busque algo nuevo por hacer.

● Busque nuevas ideas. En busca de nuevas ideas de inversión acudo a las librerías y busco libros sobre temas diferentes y únicos. Les llamo "fórmulas". Busco libros sobre "cómo hacer" relacionados con una "fórmula" de la que no sé nada. Por ejemplo, fue en una librería que encontré el libro *The 16 Percent Solution (La solución del 16 por ciento)* de Joel Moskowitz. Compré el libro y lo leí.

¡ENTRE EN ACCIÓN! El jueves siguiente hice exactamente lo que el libro decía. Paso a paso. También he hecho eso para encontrar gangas de bienes raíces en las oficinas de los abogados y los bancos. La mayoría de la gente no entra en acción o deja que alguien más les convenza de alguna nueva fórmula que están estudiando. Mi vecino me dijo por qué no funcionaría el 16 por ciento. No le escuché porque él nunca lo ha hecho.

- Encuentre a alguien que ha hecho lo que usted quiere hacer. Invítelo a almorzar. Pídale consejos, que le cuente los pequeños trucos del oficio. En el caso de los certificados a 16 por ciento, fui a la oficina de impuestos del condado y encontré a la empleada del gobierno que trabajaba en esa oficina. Descubrí que ella también invertía en certificados de ese tipo. La invité inmediatamente a almorzar. Ella estaba encantada de decirme todo lo que sabía y cómo hacerlo. Después del almuerzo pasó toda la tarde enseñándome todo. Al día siguiente encontré dos grandes propiedades con su ayuda y me han estado reportando un 16 por ciento desde entonces. Me tardé un día en leer el libro, un día en entrar en acción, una hora en el almuerzo y un día para adquirir dos grandes negocios.
- Tome clases y compre cintas. Yo busco en los periódicos información sobre clases nuevas e interesantes. Muchas de ellas son gratuitas o cobran una pequeña entrada. También asisto y pago seminarios caros sobre aquello que quiero aprender. Soy rico y libre y no necesito un empleo simplemente por los cursos que he tomado. Tengo amigos que no han tomado esos cursos que me dicen que estoy malgastando mi dinero y ellos tienen aún el mismo empleo.
- Haga muchas ofertas. Cuando yo deseo comprar un bien inmueble, reviso muchas propiedades y generalmente formulo una oferta por escrito. Si usted no sabe lo que es la "oferta correcta", yo tampoco. Ése es el trabajo del agente de bienes raíces. Ellos hacen las ofertas. Yo trabajo lo menos que sea posible.

Una amiga quería que yo le enseñara a comprar edificios de apartamentos. Así que un sábado por la mañana fuimos ella, su agente y yo a ver seis edificios de apartamentos. Cuatro eran malos negocios y dos eran buenos. Le dije que hiciera ofertas por los seis, ofreciendo la mitad de lo que los dueños pedían. Ella y su agente casi tuvieron ataques cardiacos. Pensaron que eso sería grosero, que podía ofender a los vendedores, pero yo en realidad creo que el agente no quería trabajar tanto. De manera que no hicieron nada y siguieron en busca del mejor trato.

Nunca hicieron ofertas y esa persona todavía está buscando el trato "correcto" por el precio correcto. Bien, usted no sabe cuál es el precio correcto hasta que tenga una contraparte que desea el trato. La mayoría de los vendedores pide demasiado. Es muy raro el vendedor que pide realmente un precio menor al verdadero valor de algo.

La moraleja de la historia: haga ofertas. Las personas que no son inversionistas no tienen idea de lo que se siente tratar de vender algo. Yo tenía una propiedad inmobiliaria que quise vender durante meses. Yo hubiera recibido cualquier cosa. No me importaba ya cuán bajo fuera el precio. Hubieran podido ofrecerme 10 cerdos y yo hubiera estado feliz. No por la oferta, sino porque alguien estaba interesado. Yo hubiera formulado una contraoferta, quizá un intercambio por una granja porcícola. Pero esa es la manera en que funciona el juego. El juego de comprar y vender es divertido. Tenga eso en mente. Es divertido y es sólo un juego. Haga ofertas. Alguien podría decir "sí".

Yo siempre hago ofertas con cláusulas de escape. En los bienes raíces, hago una oferta con las palabras "sujeto a la aprobación del socio de negocios". Nunca especifico quién es el socio de negocios. La mayoría de la gente no sabe que mi socio es mi gato. Si aceptan la oferta y yo no deseo hacer el negocio, llamo por teléfono a casa y pido hablar con mi gato. Hago esta afirmación absurda para ilustrar cuán absurdamente sencillo y fácil es este juego. De manera que muchas personas hacen las cosas demasiado difíciles y se toman a sí mismas demasiado en serio.

Encontrar un buen trato, el negocio correcto, las personas indicadas, los inversionistas adecuados, o lo que sea, es como cortejar a una chica. Usted debe ir al mercado y hablar con muchas personas, hacer muchas ofertas, contraofertas, negociar, rechazar y aceptar. Conozco gente soltera que se sienta en casa y espera a que suene el teléfono, pero a menos que usted sea Cindy Crawford o Tom Cruise, creo que lo mejor será que usted vaya al mercado, incluso si sólo se trata del supermercado. Buscar, ofrecer, rechazar, negociar y aceptar son partes del proceso de casi todo en la vida.

- Trote, camine o maneje por cierta área una vez al mes durante 10 minutos. Yo he encontrado algunas de mis mejores inversiones inmobiliarias mientras salgo a correr. Corro en cierto vecindario durante un año. Lo que busco es cambio. Para que haya utilidad en un negocio, debe haber por lo menos dos elementos: una ganga y cambio. Existen muchas gangas, pero es el cambio lo que convierte a la ganga en una oportunidad redituable. De manera que cuando salgo a correr lo hago en un vecindario en el que podría invertir. Es la repetición lo que ocasiona que yo note pequeñas diferencias. Advierto anuncios de bienes raíces que están colocados durante mucho tiempo. Eso significa que el vendedor puede estar más dispuesto a negociar. Presto atención a camiones de mudanza que llegan o se van. Me detengo y converso con los conductores. Hablo con los carteros. Es sorprendente la cantidad de información que adquieren acerca de un área.

Encuentro un área mala, especialmente una zona de la que las noticias han ahuyentado a todos. Manejo por allí algunas veces al año, esperando las señales de que algo está cambiando para mejorar. Hablo con los pequeños comerciantes, especialmente los nuevos, y averiguo por qué se han mudado al lugar. Eso me toma sólo unos minutos cada mes y lo hago mientras realizo algo más, como ejercicio, o cuando voy o vengo de la tienda.

- En lo que se refiere a las acciones, me gusta el libro de Peter Lynch: *Beating the Street (Ganarle a Wall Street)*, por su fórmula para seleccionar acciones cuyo valor crece. He descubierto que los principios para encontrar valor son los mismos sin importar si se trata de bienes raíces, acciones, fondos mutualistas, nuevas compañías, una nueva mascota, una nueva casa, una nueva esposa o una ganga en detergente de lavandería.

El proceso es siempre el mismo. Usted necesita saber qué está buscando, ¡y luego buscarlo!

- ¿Por qué los consumidores siempre serán pobres? Cuando el supermercado tiene un remate en, digamos, papel de baño, el consumidor corre a aprovisionarse. Cuando el mercado de valores tiene un remate, más comúnmente llamado *crash* o corrección, el consumidor huye de él. Cuando el supermercado incrementa sus precios, el consumidor se va a comprar a otra parte. Cuando el mercado de valores incrementa sus precios, el consumidor comienza a comprar.
- Busque en los lugares correctos. Un vecino compró un condominio en 100 000 dólares. Yo compré un condominio contiguo al suyo por 50 000 dólares. Él me dijo que estaba esperando a que el precio subiera. Yo le dije

que las utilidades se ganan cuando uno compra, no cuando uno vende. Él buscó por medio de un corredor de bienes raíces que no tiene inmuebles propios. Yo busqué en el departamento de ejecuciones hipotecarias de un banco. Pagué 500 dólares por tomar una clase en que aprendí cómo hacer eso. Mi vecino consideró que 500 dólares por una clase sobre inversiones en bienes raíces era demasiado caro. Me dijo que no podía pagarlo y que no tenía tiempo para hacerlo. Así que él espera a que el precio suba.

- Yo busco primero a la gente que quiere comprar y luego a alguien que quiere vender. Un amigo estaba buscando cierto tipo de terreno. Él tenía el dinero pero no tenía tiempo. Yo encontré un terreno más grande que el que mi amigo quería comprar, lo aseguré mediante un contrato de opción de compra, llamé a mi amigo y él quería una parte. De manera que le vendí el fragmento del terreno y compré la propiedad. Me quedé con la parte restante gratuitamente. La moraleja de la historia: Compra el pastel y córtalo en pedazos. La mayoría de la gente busca lo que puede pagar, de manera que buscan algo pequeño. Sólo compran un pedazo del pastel, así que terminan pagando más por menos. Las personas que piensan en pequeño no consiguen las grandes ofertas. Si usted quiere ser rico, piense en grande primero.

A los comerciantes en pequeño les encantan los descuentos por volumen, simplemente porque a la mayoría de los negociantes les gustan las personas que gastan mucho. Así que incluso si usted es pequeño, piense en grande. Cuando mi compañía estaba buscando computadoras en el mercado, llamé a varios amigos y les pregunté si también estaban listos para comprar. A continuación acudimos a diferentes proveedores y negociamos un gran precio porque queríamos comprar muchas. He hecho lo mismo con las acciones. Las personas pequeñas permanecen pequeñas porque piensan en pequeño; actúan solas, o no actúan en absoluto.

- Aprenda de la historia. Todas las grandes compañías de la bolsa de valores comenzaron como pequeñas compañías. El coronel Sanders no se enriqueció hasta después de perderlo todo cuando tenía más de 60 años. Bill Gates era ya uno de los hombres más ricos del mundo antes de cumplir 30 años.
- Actuar siempre es mejor que no actuar.

Estas son sólo algunas de las cosas que he hecho y continuaré haciendo para reconocer oportunidades. Las palabras importantes son "he hecho" y "continuaré haciendo". Como he repetido muchas veces a lo largo del libro, debe usted actuar antes de que pueda recibir las recompensas financieras. ¡Actúe ahora!

Educación universitaria por 7 000 dólares

Conforme el libro se acerca a su final y se aproxima su publicación, me gustaría compartir un pensamiento final con usted.

La principal razón por la que escribí este libro fue para compartir ideas sobre cómo puede utilizarse una mayor inteligencia financiera para resolver muchos de los problemas comunes de la vida. Sin la capacitación financiera, usamos frecuentemente fórmulas estándar para salir adelante en la vida, como trabajar duro, ahorrar, pedir prestado y pagar impuestos excesivos. Hoy en día necesitamos mejor información.

Utilizo la historia que describo a continuación como un ejemplo final de un problema financiero que enfrentan muchas familias jóvenes hoy en día. ¿Cómo pagar por una buena educación para sus hijos y tener recursos para su propia jubilación? Es un ejemplo del uso de la inteligencia financiera, en vez del trabajo duro, para obtener la misma meta.

Un amigo mío se quejaba un día de lo duro que era ahorrar dinero para la educación universitaria de sus cuatro hijos. Él estaba ahorrando 300 dólares en un fondo mutualista cada mes y había acumulado cerca de 12 000 dólares. Él estimaba que necesitaba 400 000 dólares para mandar a los cuatro hijos a la universidad. Tenía 12 años para ahorrar esa cifra, dado que el mayor de sus hijos tenía seis años de edad.

Corría el año 1991 y el mercado de bienes raíces de Phoenix era terrible. La gente estaba casi regalando sus casas. Le sugerí a mi compañero de estudios que comprara una casa con algo del dinero de su fondo mutualista. La idea le intrigó y comenzamos a discutir la posibilidad. Su principal preocupación era que no tenía el crédito con el banco para comprar otra casa, debido a que se había sobreextendido. Le aseguré que había otras formas de financiar la propiedad, en vez del banco.

Buscamos la casa durante dos semanas; una casa que cumpliera con todos los criterios que habíamos seleccionado. Había muchas de donde escoger, pero la búsqueda era relativamente divertida. Finalmente encontramos una casa de tres recámaras y dos baños en un vecindario de lujo. El propietario había sido despedido debido a una reducción de operaciones y necesitaba vender ese día porque él y su familia se mudaban a California donde le esperaba otro empleo.

Él quería 102 000 dólares pero nosotros le ofrecimos sólo 79 000 dólares. Lo aceptó inmediatamente. La casa tenía lo que se llama un "préstamo no calificado", lo que significa que incluso un vago sin trabajo podía comprarla sin aprobación de un banco. El propietario debía 72 000 dólares, así que mi amigo sólo tenía que entregarle 7 000 dólares, la diferencia en el precio entre lo que se debía y el precio de venta. Tan pronto como el propietario se mudó, mi amigo puso la casa en renta. Una vez que todos los gastos habían sido pagados, incluyendo la hipoteca, se embolsaba 125 dólares cada mes.

Su plan era conservar la casa por 12 años y pagar la hipoteca más rápidamente al utilizar los 125 dólares mensuales para amortizar el capital cada mes. Calculamos que en 12 años una gran parte de la hipoteca habría sido pagada y él podría estar recibiendo 800 dólares libres al mes para la época en que su primer hijo iría a la universidad. También podía vender la casa si aumentaba su valor.

En 1994 el mercado inmobiliario de Phoenix cambió repentinamente y un inquilino que vivía en la casa y la amaba le ofreció 156 000 dólares. Nuevamente me preguntó qué pensaba y naturalmente le dije que la vendiera, por medio de un intercambio de impuesto diferido conocido como "1031".

Repentinamente tenía casi 80 000 dólares para operar. Llamé a otro amigo en Austin, Texas, quien entonces movilizó su dinero de impuesto diferido para adquirir una instalación de almacenamiento en pequeño. Tres meses después comenzó a recibir cheques por poco menos de 1 000 dólares al mes en ingreso que volvió a depositar en el fondo mutualista para la universidad, que ahora estaba creciendo mucho más rápidamente. En 1996 vendió la pequeña unidad de almacenamiento y recibió un cheque por casi 330 000 dólares como producto de la venta, que nuevamente destinó a un nuevo proyecto que ahora le proporcionaría un ingreso mensual de 3 000 dólares, que a su vez iría nuevamente al fondo mutualista para la universidad. Ahora tiene mucha confianza de que su meta de 400 000 dólares será alcanzada fácilmente, y sólo le tomó 7 000 dólares comenzar, así como un poco de inteligencia financiera. Sus hijos podrán pagar la educación que desean y él utilizará el activo fijo, encubierto en su Corporación "C", para pagar por su jubilación. Como resultado de esta exitosa estrategia de inversión podrá pasar al retiro a edad temprana.

Gracias por leer este libro. Espero que le haya proporcionado algunas ideas para hacer que el poder del dinero trabaje para usted. Actualmente necesitamos más inteligencia financiera para simplemente sobrevivir. La idea de que sólo se necesita dinero para ganar dinero corresponde a personas sin sofisticación financiera. Eso no significa que no sean inteligentes. Simplemente significa que no han aprendido la ciencia de ganar dinero.

El dinero es solamente una idea. Si usted desea ganar más dinero, simplemente cambie su manera de pensar. Todas las personas que se han hecho a sí mismas comenzaron en pequeño con una idea y luego la convirtieron en algo grande. Lo mismo se aplica a la inversión. Sólo se necesitan unos cuantos dólares para comenzar y hacerlo crecer en algo grande. Conozco a muchas personas que pasan sus vidas persiguiendo el gran negocio o tratando de amasar mucho dinero para invertirlo en el gran negocio, pero para mí eso es absurdo. A menudo he visto a inversionistas novatos poner su gran canasta de huevos en un negocio y perder la mayor parte rápidamente. Es posible que hayan sido buenos trabajadores, pero no fueron buenos inversionistas.

La educación y la sabiduría sobre el dinero son importantes. Comience temprano. Compre un libro. Vaya a un seminario. Practique. Comience en pequeño. Yo convertí 5 000 dólares en activos que valen un millón de dólares y que producen 5 000 dólares al mes en flujo de efectivo en menos de seis años. Pero comencé a aprender desde niño. Lo aliento a aprender porque no es tan difícil. De hecho, es fácil una vez que le encuentra el modo.

Creo haber dejado en claro mi mensaje. Es aquello que usted tiene en su mente lo que determina lo que usted tiene en sus manos. El dinero es solamente una idea. Existe un gran libro llamado *Think and Grow Rich (Piense y hágase rico)*. El título no es *Trabaje y hágase rico*. Aprenda a tener dinero que trabaje duro para usted y su vida será más fácil y feliz. Hoy en día no juegue a lo seguro, actúe inteligentemente.

Entre en acción

A todos ustedes se les dieron dos dones: su mente y su tiempo. Depende de ustedes hacer lo que les plazca con ambos. Con cada billete de dólar que llega a sus manos, usted y sólo usted tiene el poder de determinar su destino. Si lo gasta tontamente, elige ser pobre. Si lo gasta en pasivos, se unirá a la clase media. Si invierte en su mente y aprende cómo adquirir activos estará escogiendo la riqueza como su meta y su futuro. La elección es suya y sólo suya. Cada día con cada dólar usted decide ser rico, pobre o miembro de la clase media.

Elija compartir este conocimiento con sus hijos y estará eligiendo prepararlos para el mundo que les espera. Nadie más lo hará.

Su futuro y el futuro de sus hijos será determinado por las elecciones que usted realiza hoy, no mañana.

Le deseamos una gran riqueza y mucha felicidad con ese don fabuloso llamado vida.

Robert Kiyosaki
Sharon Lechter

Sobre los autores

Robert T. Kiyosaki

"La principal razón por la que las personas tienen dificultades financieras es porque pasan años en la escuela pero no aprenden nada sobre el dinero. El resultado es que la gente aprende a trabajar por dinero... pero nunca aprenden a hacer que el dinero trabaje por ellos", afirma Robert.

Nacido y criado en Hawai, Robert es un estadounidense-japonés de cuarta generación. Proviene de una prominente familia de educadores. Su padre fue director de educación del Estado de Hawai. Después de la preparatoria, Robert fue educado en Nueva York y, tras su graduación, se unió al Cuerpo de Marines de Estados Unidos y viajó a Vietnam como oficial y piloto de un helicóptero de artillería.

Al regreso de la guerra comenzó su carrera de negocios. En 1977 fundó una compañía que introdujo al mercado las primeras carteras "de surfista" hechas de nylon y velcro, que se convirtieron en un producto de ventas multimillonarias en el mundo entero. Él y sus productos fueron presentados en las revistas *Runner's World, Gentleman's Quarterly, Success Magazine, Newsweek,* incluso en *Playboy*.

Al dejar el mundo de los negocios, fue cofundador, en 1985, de una compañía educativa internacional que operaba en siete países, enseñando negocios e inversión a decenas de miles de graduados.

Después de retirarse a la edad de 47 años, Robert hace lo que más disfruta... invierte. Preocupado por la creciente brecha entre los que tienen y los que no tienen, Robert creó un juego de mesa denominado *Cashflow*, que enseña el juego del dinero antes sólo conocido por los ricos.

A pesar de que el negocio de Robert son los bienes raíces y el desarrollo de compañías de pequeña capitalización, su verdadero amor y pasión es la enseñanza. Ha compartido el escenario en conferencias con grandes como Og Mandino, Zig Ziglar y Anthony Robbins. El mensaje de Robert Kiyosaki es claro. "Asuma la responsabilidad por sus finanzas u obedezca órdenes toda su vida. Usted es el amo del dinero o su esclavo." Robert ofrece clases que duran entre una hora y tres días, para enseñar a la gente sobre los secretos de los ricos. Aunque sus materias van desde la inversión en pos de altos rendimientos y bajo riesgo, enseñar a sus hijos a ser ricos, fundar compañías y venderlas, tiene un sólido mensaje trepidante. Y ese mensaje es: "Despierte el genio financiero que lleva dentro. Su genio está esperando salir."

Esto es lo que el mundialmente famoso conferencista y autor Anthony Robbins dice acerca del trabajo de Robert:

"El trabajo de Robert Kiyosaki en la educación es poderoso, profundo y capaz de cambiar vidas. Reconozco sus esfuerzos y lo recomiendo enormemente."

Durante esta época de grandes cambios económicos, el mensaje de Robert no tiene precio.

Sharon L. Lechter

Esposa y madre de tres hijos, contadora pública certificada, consultora de las industrias de publicaciones y juguetes, y propietaria de su negocio, Sharon Lechter ha dedicado sus esfuerzos profesionales al campo de la educación.

Se graduó con honores en la Universidad Estatal de Florida con un grado académico en contabilidad. Se unió a las filas de lo que entonces era uno de los ocho grandes despachos de contadores y siguió adelante hasta convertirse en directora financiera de una compañía innovadora de la industria de la computación, directora de asuntos fiscales de una compañía nacional de seguros y editora asociada de la primera revista regional femenina en Wisconsin, al mismo tiempo que mantenía sus credenciales profesionales como contadora pública.

Su enfoque cambió rápidamente hacia el ámbito de la educación al observar a sus tres hijos crecer. Era difícil lograr que leyeran. Ellos preferían ver la televisión.

De manera que estuvo encantada de unir sus fuerzas con el inventor del primer "libro parlante" electrónico y ayudar a expandir la industria del libro electrónico hasta convertirla en un mercado internacional de muchos millones de dólares. Actualmente sigue siendo pionera en el desarrollo de nuevas tecnologías encaminadas a llevar nuevamente el libro a la vida de los niños.

Conforme sus propios hijos crecieron, ella se involucró activamente en su educación. Se convirtió en una activista de la audioenseñanza en las áreas educativas de matemáticas, computadoras, lectura y escritura.

"Nuestro sistema educativo no ha sido capaz de seguir el paso a los cambios globales y tecnológicos del mundo actual. Debemos enseñarle a nuestros jóvenes las habilidades, tanto académicas como financieras, que necesitarán no sólo para sobrevivir, sino para florecer en el mundo que enfrentan."

Como coautora de *Padre rico, padre pobre* y de *CASHFLOW Quadrant (El cuadrante de CASHFLOW)*, ahora enfoca sus esfuerzos en ayudar a crear herramientas educativas para cualquiera que esté interesado en mejorar su propia educación financiera.

Impreso en los talleres gráficos de HCI Printing
3201 SW 15th Street,
Deerfield Beach, FL, 33442-8190